JN185560

お金持ちの雑談

田口智隆
Tomotaka Taguchi

SOGO HOREI PUBLISHING CO., LTD

はじめに

◎雑談は、お金持ちになれるかどうかを決める

「雑談」という言葉に、どんなイメージを持っているでしょうか。

場をつなぐための当たりさわりのない会話？
とりとめもない話題をおもしろおかしく話すこと？
ムダで生産性の乏しい会話？

雑談に対して前向きなイメージを持っている人は多くないはずです。
営業や接客の仕事などで、お客様と普段からコミュニケーションをとっている人の中には、「いや、雑談はコミュニケーションの潤滑油として欠かせない

ものだ」と反論する人もいるかもしれません。

その通りです。私もそう思います。

雑談は、効果的に使えば**人間関係の潤滑油としての役割を果たします**。

しかし、私の考える雑談とは、その程度の役割にとどまりません。もちろん、気楽な話でも、とりとめのない話でもありません。

雑談は、お金持ちになれるかどうかを決める――そのくらいのインパクトを持っていると考えています。もっと言えば、「幸せな人生を送るために必要不可欠な道具」と言っても過言ではありません。

◎雑談は「縁」と「円」を運んできてくれる

私は34歳のときにお金のストレスフリー（お金に不自由しない状態）を手に入れて以来、３０００人を超えるお金持ちの人と接する機会に恵まれてきました。その過程で気づいた、共通点があります。

それは、**お金持ちの人ほど意識的に雑談をしている**ということです。

お金持ちの人は、ただ何となく会話をするのではなく、意識しながら雑談をしていました。**相手との相性を見極める「リトマス試験紙」として、雑談を活用していた**のです。

雑談を通じて、初対面の人と相性が良いかどうかを見極め、相性が良い人と積極的に人間関係を育む。そうしたプロセスを踏むことによって、ストレスなく、ビジネスを円滑に進め、結果的に「ご縁」を「ご円」に換えていたのです。

それ以来、私も意識をして雑談をするよう心がけるようになりました。

すると、それまで以上に、自分のまわりに一緒にいて心地良い人が集まり、彼らが仕事やお金を運んできてくれるようになったのです。不毛な人間関係に振り回されることもなくなりました。

今も私が、自分のやりたい仕事だけに携わりながらお金のストレスフリーの状態を維持できているのは、雑談力に負うところが大きいと感じています。

雑談の効果や方法ついては、あとでくわしく説明していきますが、「**お金持ちは雑談力が高い**」ということはまぎれもない事実です。

たかが雑談、されど雑談。雑談がお金を引き寄せます。

では、雑談において何が重要なのでしょうか。

それは、**「雑談によって、日々のご縁がお金に換わる」と意識しながら一つひとつの出会いを大切にすること**です。それを意識するだけで、あなたもお金持ちにつながる道への第一歩を踏み出したことになります。

しかも、雑談をすること自体に、お金はかかりません。意識して雑談をするだけで、お金持ちへと道が広がります。きわめて費用対効果が高く、この本を読み終えた瞬間から、誰でもすぐに実践することができます。

本書を通じて、みなさんの仕事や人間関係、そして人生が好転することになれば、著者としてこれほどうれしいことはありません。

さあ、今日から効果的な雑談を始めましょう。きっとあなたの人生に新たな変化が訪れるはずです。

田口智隆

お金持ちの雑談

Chapter 1 なぜ、お金持ちは雑談がうまいのか?

Chapter
2
一瞬で仲良くなれる！ お金持ちの雑談

Chapter

3

このアンテナの立て方がすごい！お金持ちの情報の集め方

Chapter

4

シーンごとに変える！お金持ちのアウトプットの仕方

Chapter

5

ここが違う！お金持ちの話の聞き方

Chapter

6

ここぞというときにご縁を引き寄せる！お金持ちの人との向き合い方

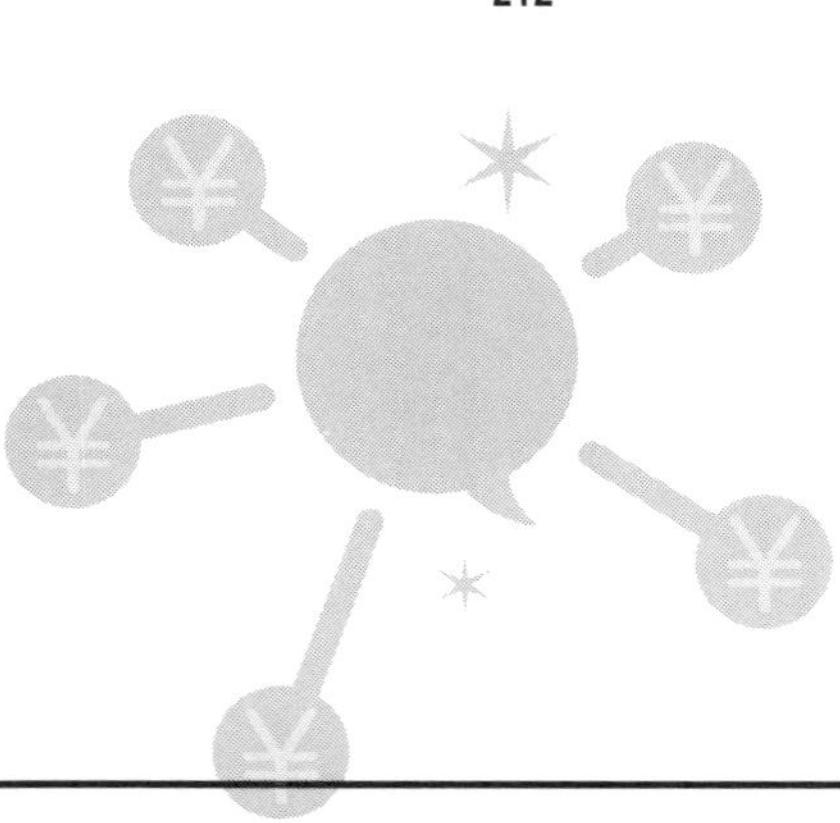

Chapter 1

なぜ、お金持ちは雑談がうまいのか？

1 人とのご縁がお金を招く

「良縁」が「良円」を生む

お金持ちと雑談の関係についてお話しする前に、あなたに知っておいてもらいたいお金の原理原則があります。

それは、「**良縁が良円を生む**」ということです。

いつの時代でも、どんなビジネスでも、お金は人とのご縁（出会い）から生まれます。これはすべてのお金持ちが大事にしているお金の原理原則です。

「お金持ちになりたい」と神社で毎日拝んでみても、天からお金が降ってくるわけではありません。また、毎日トイレ掃除をして便器をピカピカにしたからといって、それだけでお金が目の前に現れることもありません。

お金は必ず「人」からもたらされます。人とのご縁が運んできてくれるのです。

お金持ちになりたければ、まず良い縁をつかもう

私はかつて、借金まみれの人生を送っていました。そこからお金のストレスフリーの状態を手に入れられたのは、悪い縁と手を切り、良い縁を大切にしたからです。

それまでの私は、毎晩のように友人や後輩とキャバクラにくり出し、土日はギャンブルに明け暮れる始末。見栄を張るために高級外車に乗り、似合ってもいないブランドの服を身にまとっていました。

当時お付き合いしていた仲間も、私と同じように夜遊びやギャンブルが大好きな人たちばかりで、お金持ちとはほど遠い生活をしていました。

彼らといくら付き合っても、お金は出ていくばかりで、貯まるわけがありま

せん。当時の仲間に悪気はありませんが、私にとっては悪い縁だったのです。

しかし、「このままではいけない」と一念発起し、交流会やパーティーなどでお金持ちやお金持ちをめざしている人たちとお付き合いをするようになると、「良い縁」がつながりはじめました。応援してくれる人、有益な情報を教えてくれる人、ビジネスの話を持ってきてくれる人などが続々と目の前に現れました。

そうした「良い縁」を大切にし続けた結果として、お金のストレスフリーを手に入れることができたのです。

お金持ちになれる人は、人とのご縁をお金に換えていきます。出会った人とご縁をつくり、ビジネスにつなげていけるかどうかが、お金持ちになれるかどうかの分かれ目となります。

お金持ちになりたい人は、良いご縁を見つけるのが一番の近道です。

今日から始めるステップ

「お金持ちになりたい」と、神頼みすることをやめよう

2 雑談は「良円」をつなげる接着剤

雑談で初対面の距離が縮まる

では、良いご縁を見つけ、次につなげるためにはどうすればいいでしょうか。

その最適な手段こそ、「雑談」なのです。

初対面の人といきなりビジネスが始まったり、お客様になってもらえたりすることはまずありません。

何かのご縁で出会ったら、多くの場合、会話などでコミュニケーションをとることで、お付き合いが始まったり、お客様になっていただいたりするのが普通です。

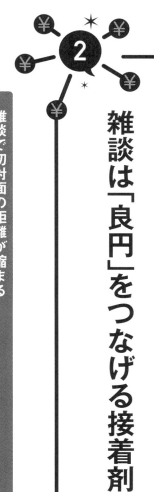

初対面のシーンで開口一番、「ビジネスを一緒にやりませんか?」「この商品を買ってくれませんか?」と切り出す人はまずいませんから、最初は雑談から始まることがほとんどです。

- どんな仕事をしているか?
- どうしてこの場にいるのか?
- どんなことに興味があるか?
- どんな趣味をもっているか?
- 最近どんなことに関心を持ったのか?

お互いがこういった話をしているうちに、共感したり、盛り上がったり、意気投合したりすることがあります。

私の経験から言っても、そうした出会いは良いご縁で、その後ビジネスにつながることが少なくありません。

私は今、多くの人にお金の大切さを伝えたいという想いから、日本全国で

「学校では教えてくれないお金の授業」という講演会やセミナーを積極的に行っています。これらはありがたいことに、主催者から講演を依頼される場合がほとんどですが、決してギャランティー（講演料）の金額だけで、その依頼を受けるかどうかを決めているわけではありません。

実際に主催者の方とお会いして、話をしてから判断をします。雑談を通して、その主催者の方と楽しく話ができたか、そしてその人の主催するセミナーで講演したいかどうか、私自身の気持ちを確かめてから依頼を受けるようにしています。

仕事だと割り切れば、ギャランティーは高いにこしたことはありません。しかし、話をしてみて、「この人とはあまり関わりたくない」と感じたら、お断りしています。仮に「他のセミナーの10倍のギャランティーを払う」と言われたとしても、その判断が揺らぐことはありません。

なぜなら、最初の雑談で盛り上がったり、好印象を抱いた相手でなければ、楽しく仕事ができず、その後もビジネスにはつながっていかない、ということを経験的に学んできたからです。

良いご縁のスタートには良い雑談がある

私が長くお付き合いしている人は、その人とはじめて会ったときのことをよく覚えています。「こんなテーマの会話をした」「こんな話で盛り上がった」という記憶が鮮明であることが多いのです。

たとえば長く良い関係を築いている人との出会いを思い出してみてください。はじめて会ったときの楽しい記憶がよみがえるのではないでしょうか。

人間関係は、はじめて会ったときの印象に大きく左右されます。特に、最初に交わした雑談で共感したり、盛り上がったりすればするほど、お互いの距離が一気に縮まり、良好な関係が続いていくもの。**雑談は、良縁をつなげてくれる接着剤なのです。**

初対面の印象は雑談で9割決まる

最初の雑談で、第一印象の9割が決まると言っても過言ではありません。

同じような条件であれば、雑談が盛り上がった人と仕事をしたいと思うのが人情ではないでしょうか。金銭などの条件が多少悪くても、一緒に仕事をしたい、商品を買いたいと思う人は少なくないでしょう。だからこそ、お金持ちは初対面の印象を決定づける「雑談」をとても大切にするのです。

「見た目が9割」とよく言われますが、いくら見た目が好印象でも、雑談が盛り上がらなければ、次につながりません。「さわやかな雰囲気の人だったな」「スーツを着ていたような気がする」といった記憶しか残らないでしょう。

効果的にご縁をつなげるには、相手の記憶に刻まれるようなコミュニケーションが必要になります。お互いの印象に残る雑談をする必要があるのです。

だからこそ、お金持ちは雑談を単なる世間話とは思っていません。良縁をつないでくれる大事なビジネスツール（強力な接着剤）として位置づけているのです。

今日から始めるステップ

良い付き合いが続いている人との出会いを振り返ろう

3

雑談で相手との相性がわかる

相性が良くない人と無理に付き合わなくていい

雑談が盛り上がることもあれば、反対に、しばらく雑談を続けても盛り上がらなかったり、妙な「間」が空いて気まずい空気が流れたりすることもあります。「そうですか……」で会話が途切れて、盛り上がらない、といったことは、多くの人が経験していることでしょう。

「初対面の人と雑談があまり盛り上がらない」と、はじめて会った人との会話に苦手意識を持っている人は多いかもしれません。

でも、安心してください。

雑談が盛り上がらなかったからといって、落ち込む必要はありません。初対面の人と雑談が盛り上がらないことはよくあることです。

勘違いしてほしくないのは、お金持ちは雑談上手ではありますが、誰とでも雑談で盛り上がれるわけではないということです。

実際には会話がかみ合わないことも、盛り上がらないこともあります。ある程度会話を合わせることはできたとしても、どうしても相性が良くない人は存在します。人間ですから、当たり前。誰とでも雑談で楽しく盛り上がれる人がいるとすれば、どこかで無理をしているはずです。

お金持ちが実践する雑談は、誰とでも楽しく会話をすることが目的ではありません。あくまでも、自分との相性を見極める「リトマス試験紙」なのです。

だから、雑談で盛り上がらなかったとしても気にせず、「単にこの人とは相性が合わなかった」と考えます。

「うまく話せなかった」と引きずることもなく、その相手との関係を発展させようと執着することもありません。相手からもう一度会いたいとリクエストされたら拒むことはありませんが、自分から相手に連絡をとって無理にまた会おうとは思いません。

なぜなら、**相性が良くない人と無理をして付き合ったとしても、良好な人間関係を築くのは難しく、ビジネスにもつながらないからです**。むしろ相性が良くない相手とは、トラブルになる可能性が高いと言えます。

相性が良くない相手とは、ビジネスもうまくいかない

以前、講演会後の懇親会の席で、初対面の参加者から「田口先生のおすすめのレストランを教えてください」と質問されたことがありました。

そのとき私は、ある焼き肉店の名前を挙げたのですが、彼から思いもよらぬ言葉が返ってきたのです。

「ああ、そのお店は知っています。でも、私はあまり好きではないです」

彼は悪気があったわけでもないでしょうし、嘘をついてまで話を合わせてほしいとは思いませんが、正直、この雑談を通じて彼とは相性が合わないなと思

いました。

その後、彼から講演の依頼を提案していただいたのですが、スケジュールが合わなかったり、彼が参加者を集められる目途が立たなかったりといった事情が重なって、結局、講演会は実現しませんでした。雑談のときに感じた相性の悪さを改めて実感する結果となってしまったのです。

もしあのまま付き合いを続けて、心理的にもぎくしゃくとしたまま講演会を開催しても、うまくはいかなかったでしょう。

お金持ちは、たとえ雑談が盛り上がらなかったとしても気にしません。雑談を通じて相性が良くない相手だとわかったら、その人と積極的に付き合うことを避けることができるからです。

今日から始めるステップ

雑談が盛り上がらなくても気にしない

4

相性の良い人との時間を大切にする

お金持ちは相性の悪い人とは付き合わない

雑談が盛り上がらなかったとしても、落ち込む必要はまったくありません。たまたま相性が合わなかっただけのことです。むしろ、その人とはご縁がなかったとわかることは、ビジネスのうえでは、大きなプラスになります。

なぜなら、相性の良くない人のために時間をかけることを避けることができるからです。

人がお金を運んできているということを前提に考えれば、お金持ちは多くの人とのご縁があることになります。お金を持っていて、影響力もあれば、「会ってほしい」と言ってくる人も多くなります。

しかしその一方で、物理的な時間は限られます。これまでにお会いした方一人ひとりと同じように付き合っていては、いくら時間があっても足りません。相性の良い人と、さらに距離を縮めたほうが、お互いにストレスなくお金につながっていきます。

そこで、お金持ちは雑談をリトマス試験紙にして、相手との相性を見極めているのです。相性が良いと感じた人とは、積極的に人間関係を深めて、反対に、相性が良くないと感じた人とはそれ以上、距離を縮めようとはしません。

お金持ちは、「タイムイズマネー」と言われるように時間を大切にしている一方で、このように雑談という手段で、時間のムダを排除しているのです。

お金持ちは「来るもの拒まず去るもの追わず」

お金持ちは、相性の悪い人とは付き合わないという傾向がある一方で、「来るもの拒まず去るもの追わず」というスタンスを持っているということも見逃せない共通点です。

お金持ちになると、付き合う人もそれなりに増えてくるので、自然と知り合いの知り合いや、見ず知らずの人などからのアプローチも増加します。ビジネスでお付き合いをしている人から紹介を受けることもあります。なかには、お金持ちと知り合いになっていれば、おいしいビジネスの話にありつけるといった、よこしまな意図を持って接近してくる人もいます。

しかし、お金持ちは、いきなり相手を排除することはありません。まずは相手を一度受け入れて、話をしてみる。その雑談の中で、相性を見極めているのです。そして、雑談が盛り上がらずに、相性が良くないと判断した相手に対しては、自分から積極的に再度アプローチをかけることはありません。

自分に関心を寄せてアプローチしてくる人は拒まず、相性が悪い人は深追いしない――。これがお金持ちに共通する距離感の法則です。

今日から始めるステップ

相性が良くない人とは思い切って距離を置こう

5

雑談の成否を決めるのは「共通点」

共通点がある＝相性が良い

初対面の人と雑談をしていると、「この人とは相性が良い」と感じるときがあります。あなたは、どんなときにそう感じるでしょうか。

出身地が同じで地元の話で盛り上がったとき？

同じ業界で仕事をしているとわかったとき？

最近ハマっている趣味が同じだと判明したとき？

そう、つまり「共通点」が見つかったときです。

人によって個人差はあると思いますが、多くの人は相手との「共通点」をき

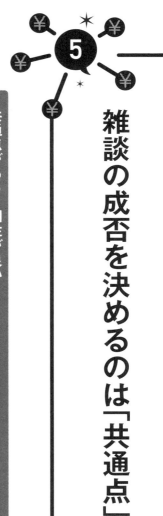

っかけに雑談が盛り上がると、「この人とは相性が良い」と感じるのではないでしょうか。

【例1】

Aさん「最近、マラソンにはまっているんです」
Bさん「私もです！　と言ってもまだ3ヶ月ほどですが」
Aさん「僕なんて先月始めたばかりです。Bさんのほうが先輩ですよ」
Bさん「お互い初心者ですね。どの辺を走っているんですか？」
Aさん「皇居のまわりが多いですね」
Bさん「私もときどき皇居のまわりを走りますよ。景色もいいから走っていて気持ちがいいですよね」
Aさん「ええ、私が好きな景色は……」

【例2】

Cさん「こんがりと肌が焼けていますね。どこかに行かれたのですか？」

Dさん「先週まで沖縄に行っていたので。海がキレイでしたよ」
Cさん「私は沖縄出身なんですよ」
Dさん「そうですか！　沖縄は最高ですよね。料理もおいしいですし。すっかり沖縄ソバのとりこになってしまいました」
Cさん「そう言っていただけてうれしいです。実は、沖縄時代の友人が東京で沖縄料理店を経営しているんですが、そこの沖縄ソバも最高ですよ」
Dさん「それは行ってみたいですね！」
Cさん「その店の沖縄ソバの特徴は……」

お金持ちは雑談中に共通点を探している

このように「あなたもそうなんですか！」「やっぱりそうですよね」といった共通点が見つかると、初対面であっても話が盛り上がり、一気に心の距離が縮まります。「また話をしてみたい」という気持ちも芽生えるでしょう。

私の知り合いに、温泉が大好きで、47都道府県すべての温泉に入ったことがある人がいます。彼は初対面の人と出身地の話になったときに、温泉をネタに雑談を展開すると言います。たとえばこんな感じです。


「私は和歌山の出身なんです」

「和歌山県といえば、湯の峰温泉や南紀白浜温泉が有名ですね」

「よくご存じですね」

「南紀白浜温泉に行ったことがありますが、海を見ながら入浴できる露天風呂は最高でした」

「それはよかった！　私も子どものころは、あそこの露天風呂によく連れて行かれまして……」


47都道府県すべてに温泉地はありますし、温泉が嫌いな人はあまりいないので、温泉という共通点がきっかけとなって打ち解けることが多いそうです。共通点のある人との会話は記憶に残るので、その後も付き合いが続き、いずれビジネスにつながっていくこともあります。

反対に、初対面の人との雑談で共通点が見つからないと、たった数分の会話でも盛り上がりに欠けて、しだいに話題も尽きてしまいます。当然、お互いあまり印象には残りません。決して「相性が良い」とは思えないでしょう。残念ながら、ご縁がなかったということになります。

「お金持ちにとって雑談はリトマス試験紙だ」という話をしましたが、そのリトマス試験紙が反応を示すのが、相手との共通点です。共通の話題が見つかると、リトマス試験紙の色がにわかに変化します。

お金持ちは、雑談中もその変化を見逃しません。それどころか、相手との共通点を探ろうと意識して雑談をしています。ご縁だからといって運任せにせず、自分でご縁をつなげようと、常に相手との共通点にフォーカスしているのです。

共通点の探し方についてはChapter2以降で詳しくお伝えします。

今日から始めるステップ

相手との共通点を意識しながら会話をしよう

6 「楽しい」ところにお金は集まる

自分が楽しくないと、雑談は盛り上がらない

雑談で共通点を見つけることがお金持ちになる秘訣――。だからといって、相手に合わせて、無理やり共通点をつくり出すのは逆効果です。

たとえば、自分はまったく興味がないのに、相手が「野球観戦が好きだ」と言ったため、「私も野球が好きなんです」と話を合わせるとします。それで会話が転がり始めるかもしれませんが、知識や興味がなければ、「そうですね」と話を合わせることはできても、突っ込んだ深い話をすることはできません。

無理して話を合わせていることは、相手に伝わるもの。それに気づいた相手

の心は離れるばかりです。

何より、相手に無理やり合わせて雑談をしても、自分が楽しくありません。思ってもいないこと、関心のないことを楽しそうに話すのは苦痛でしかありません。相手との距離も縮まらず、自分も楽しくない——そんな雑談をしても意味がないのです。

お金持ちは、雑談を楽しんでいます。相手の話はよく聞いても、無理やり話を合わせることはしません。あくまでも自然体。しばらく雑談をした結果、共通点が見つからず、会話が盛り上がらなかったとしても、「今回はご縁がなかったな」と思うだけです。


そもそも自分が楽しく会話ができなければ、雑談は盛り上がりません。

相手も雑談を楽しんでいるか？

お金持ちは自分が雑談を楽しむだけでなく、相手にも楽しんでもらえるよう気配りも忘れません。

「雑談が上手な人」のことを、話題が豊富で話が尽きない人のことだと思っている人がいますが、それは大きな勘違いです。自分の知識をひけらかすかのようにペラペラと自慢げに話すのは、自己満足にすぎません。相手の興味がない話であれば、向こうからご縁を切られてしまいます。

ご縁をご円（お金）につなげているお金持ちは、聞き上手でもあります。相手の話をよく聞いて興味のありかを探りつつ、自分との共通点を見つけ出す。そして、そこから話を深めていく。自然と相手も雑談を楽しめるような心遣いをしているのです。

楽しいところに人は集まる。これは人間関係の原則です。そして、**人が集まるところにはお金が集まります**。だから、雑談が上手な人はお金持ちになるチャンスをつかめるのです。

あなたは雑談を心から楽しんでいるでしょうか？　雑談を単なるお金儲けのテクニックととらえている人には、お金は集まってきません。

ムダと思えることの中に、楽しさが隠れている

「雑談を楽しんだほうがいい」と言ったら、反論する人もいるかもしれません。

「ビジネスの成功者の中には、雑談などのムダな時間をできる限り削って、効率優先で仕事をしている人もいるではないか」と。

このタイプは特に、外資系の会社で働くエグゼクティブの人によく見られます。そして、実際こうした仕事のやりかたで成功を収めている人がいるのも事実です。

しかし、私の経験から言えば、お金持ちでこのタイプの人は少数派です。**多くのお金持ちは、雑談を楽しむことがビジネスにつながると考えています。**

雑談をしてもすぐにはお金につながりませんが、楽しく雑談ができた人との関係を大切にすることが、ビジネスで成功する近道になると確信しているのです。

また、欧米人は契約主義、効率優先でドライという印象もありますが、私の知る限り、外国人もビジネスの相手がどんな魅力的な人物であるか、自分と相

性が良いかをきちんと観察しているように感じます。

私自身は、効率だけを追い求める人とは相性が良くないので、それ以上関係が続きません。これに関しては、価値観の違いとしか言いようがありませんが、雑談のない仕事、人生はつまらないのではないでしょうか。

これまで私はセミナーや著書の中で、「お金の使い方には、消費、浪費、投資の3つがある」という話をしてきました。そのなかで、「浪費をなくせば当然お金は貯まりやすくなるのですが、浪費のない人生は味気なく、つまらないものになってしまいます。だから、1割くらいは浪費があったほうが、人生はおもしろくなる」という話をよくします。

雑談に関しても同じことが言えます。雑談をしなくても仕事は回りますが、雑談のない人間関係は味気ないですよね。

雑談を通じて、相手のことを知ったり、反対に自分のことを知ってもらったり、共感し合ったりする。そのほうが仕事も楽しくなりますし、雑談がビジネスのネタになったり、おもしろいアイデアが生まれたりすることもあります。

人生にも言えることですが、**案外ムダと思えるところに仕事の楽しさは潜ん**

でいるものです。雑談を思いっきり楽しみましょう。

今日から始めるステップ

相手の話に無理やり合わせるのはやめよう

7 人もお金も背伸びしない人を好む

自分を大きく見せようとすると人は離れる

雑談を楽しむためには、「自然体で話せる」ということも大事になります。

あるパーティーでのこと。初対面の参加者Aさんと話をしていたら、共通の知り合い（Bさん）がいることが判明しました。

私はBさんと懇意にしていたので、Bさんのことをネタに彼にあれこれと話題をふってみたのですが、「そうですね」といった気のない返事が返ってくるばかり。どうも話が盛り上がりません。それどころか、別の話題にすり替えようとするではありませんか。せっかくBさんという共通点が見つかったのに。

私は腑に落ちない気分で、彼との雑談を切り上げました。

後日、Bさんと会ってそのことを報告すると、「その人とは懇親会で名刺交換をしただけだよ」とのこと。

これは私の推測にすぎませんが、Bさんは業界ではちょっと名の知れた有名人だったので、Aさんは B さんと接点があることを自慢して、自分を大きく見せたかったのかもしれません。ところが、私がBさんと懇意にしていることを知って、あわてて話題を変えようとしたのでしょう。

このとき、Aさんとは距離を置いたほうがいいなあ、という気持ちになりました。**必要以上に自分を大きく見せようとする人は、単純に好感がもてませんし、お金も集まってこないからです。**

Aさんのことを非難するつもりはありませんし、彼の気持ちもわからないでもありません。実際、借金を抱えていた頃の私が、自分を大きく見せようとする人間なのでしたから……。

まわりの人にすごいと思われたいばかりに、借金を抱えているにもかかわらず、羽振りよくお酒や食事をごちそうしたり、身の丈に合わないブランドのスーツを身にまとったりしていました。大げさな自慢話も日常茶飯事でした。

こんな背伸びをした人間に寄ってくるのは、私と同じように、お金のご縁に見放された人たちばかり。良いご縁は私のまわりから離れていき、借金の額は膨らむ一方でした。

しかし、借金を返そうとお金との付き合い方を改めていくにつれて自分を大きく見せようという気持ちも薄れ、素の自分を出せるようになっていきました。

それとともに、お金につながるような出会いも増えていき、お金のストレスフリーを実現する頃には、借金に苦しんでいたダメな自分をネタにできるほど自然体で振る舞えるようになっていました。

このように私の苦い経験から言っても、**自分の実力以上に背伸びをして大きく見せようとすればするほど、人もお金も離れていくものです**。

また、自分を大きく見せようと、一度背伸びをしたキャラクターを演じてしまうと、次回会ったときもそのキャラクターを演じ、取り繕い続けなければなりません。そんなことをしていたら、自分もつらいですし、いずれ相手にバレるのがオチ。ご縁をお金に換えるということは、長い間、その人と付き合うということですから、必ずどこかでメッキがはがれてしまいます。

お金持ちは自然体だから、気軽に話せる

ご縁をお金に換えるお金持ちは、初対面の人と雑談をするときでも常に自然体です。自分を大きく見せようとして無理に話を盛ることもなければ、本当の自分とは別のキャラクターを演じることもありません。威圧的な振る舞いをして、気難しい印象を相手に与えることもありません。

自分に自信がない人に限って、なめられてはいけないと威圧的な態度をとったり、人を批判したり、相手の話を否定したりしがちですが、**お金持ちになる人は、総じて威圧感や裏表がなく、自然体で相手との会話を楽しんでいます。**

無理にキャラクターをつくらず、自然体で振る舞える人は、相手に「気軽に話せる」という印象を与えます。

威圧感のある人が相手だと「こんなことを言ったら、バカにされる」という

不安に襲われますが、気軽に話せる人が相手だと、「こんな話をしても聞いてもらえるだろう」「こんなつまらないことを聞いても答えてくれそうだ」という安心感がありますよね。そういう人には、好感はもちろんのこと、情報も集まってきます。そして情報はお金に換わります。

初対面の相手だからといって、自分を大きく見せようと無理をしてはいないでしょうか。本当の自分とは別のキャラクターをつくろうとすればするほど、相手は違和感を覚えて離れていきます。

雑談をするときは、素の自分で相手と向き合いましょう。自然体で臨んだほうが、結果的に相性の良い人と出会える可能性が高くなります。

今日から始めるステップ

素の自分で相手と向き合おう

8 社内でも雑談力がモノをいう

仕事の成果の９割は雑談で決まる

「僕はサラリーマンだから、ある程度出世はできても、お金のストレスフリーなど夢物語だ……」

そう思いながら本書を読み進めている人もいるかもしれません。

たしかに、会社に雇われている限り、収入アップには限度があります。課長から部長に出世したからといって、すぐさまお金のストレスフリーの人生が手に入るとは限りません。

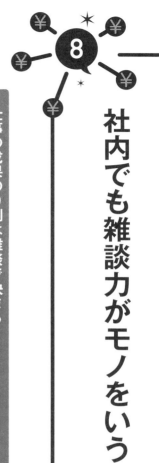

だからといって、「雑談力を磨かなくていい」という理由にはなりません。現在会社員として働いている人にとっても、雑談力は高い収入を得るうえでの強力な武器になります。

営業マンであれば、雑談の巧拙が営業成績を決めると言っても過言ではありません。私は保険のセールスを仕事にしていた時期があるのでわかるのですが、お客様との会話の9割は雑談でした。

雑談を通じてお客様の共感や信頼を得て、「この人なら買ってもいい」と思ってもらう。当時は保険の契約内容はどこの会社も似たり寄ったりで、「誰から保険に入るか」が重要だったので、雑談でお客様との距離を縮められる営業マンが好成績を上げていました。

保険に限らず、人とのコミュニケーションが求められる仕事であれば、雑談によって仕事の成果が左右されるはずです。

最近では、プロジェクトごとに初対面の人とチームを組んで仕事を進めることも多いので、雑談によってコミュニケーションをスムーズにできる人は成果を上げやすいでしょう。

また、社内でも、日頃から雑談で人間関係をうまく築いている人は、いざというときに仕事を振ったり、サポートをお願いしたりといったことがしやすくなります。**社内での雑談をおろそかにしている人は、本当に困っているときに手を差し伸べてもらえません**。

雑談力を磨いておくことは、どんな立場のビジネスパーソンにとっても、ムダなことではありません。むしろ、いざというとき助けになるものなのです。

雑談への意識が将来の大きな差を生む

普段からご縁をつなげることを意識して雑談をしている人と、そうでない人とでは、これからの人生で大きな差が開いていきます。

会社員としてお仕事をされている方も、日頃から交流会などに参加して意識的に雑談をしていれば、成果が上がり出世しやすくなるだけでなく、社外での人脈も広がり、お金やビジネスにつながる情報が入ってきやすくなります。

また雑談を通して社外の人とつながることで、ビジネスチャンスが転がりこんでくるかもしれませんし、独立起業の道筋が見えてくるかもしれません。ほかの会社に好条件で引き抜かれる可能性もあります。

雑談を通して築いた人間関係の中に、お金のストレスフリーにつながる出会いもあるかもしれません。

すぐに効果は出ないかもしれませんが、長い目で見ると大きな差を生む――。それがお金持ちの雑談なのです。

まずは目の前にいる人との雑談の機会を大切にしましょう。その雑談が、お金持ちへの扉を開いてくれるかもしれません。

今日から始めるステップ

社内外を問わず色々な人と雑談をしてみよう

Chapter

2

一瞬で仲良くなれる！
お金持ちの雑談

1 自分3割、相手7割

大事なのはトーク力よりも共通点

「初対面の人と、どんな話をしたらいいかわからない」
「雑談が始まっても、いまいち盛り上がらない」
「相手と年齢が離れているので話が合わない」

雑談がうまくいかない人のなかには、このような悩みを抱えている人が多いようです。つまり、「どのような会話をしたらいいか」という問題にぶつかっているのです。

そして、初対面の人とのコミュニケーションを避けたり、あたりさわりのない会話で切り上げたりしようとします。これでは、いつまでたってもご縁が円に結びつきません。

一方、意識的に雑談をしているお金持ちは、どのように会話の糸口をつくっているのでしょうか。また、どのような内容の雑談をしているのでしょうか。

お金持ちが基本として心がけているのは、前章でも述べたように、**相手との共通点を見つけること**です。

共通点になりえるものは、仕事や趣味、家族、関心事、出身地、考え方、価値観などさまざまですが、答えがあるわけではありません。お互いに一緒に話していて「楽しい！」と思えるような共通のテーマを雑談の中で探っていく。それがきっかけで、「次もまた会いたい」「一緒に仕事をしてみたい」といった次のご縁につながっていきます。

雑談をお金に換えられる人は、決してトーク力がずば抜けているわけではありません。自分がどれだけおもしろおかしく話しても、相手との共通点が見つからなければ、単なる独演会にすぎません。

いくら自分が楽しくても、相手との共通点が見つからなければ、その場限りの関係で終わってしまいます。

質問攻めはNG！自分のことも端的に話そう

相手との共通点を見つけるには、次の2つが必要不可欠です。「自己開示をすること」と「相手に関心を持つこと」です。当たり前のように感じるかもしれませんが、多くの人は、次のどちらかに偏っています。「私は……私は……」と自分のことばかり語ってしまう人。人に質問ばかりして、自分のことを語ろうとしない人。懇親会やパーティーに参加すると、どちらかのタイプの人が案外少なくないことに気づきます。

「私はもともと電機メーカーで総務の仕事をしていて……3年前に独立して社会保険労務士の資格の勉強を始めて……現在では資格を生かして、こんな活動をしていて……最近、企業の現場で問題になっているのは……」

こんな具合に、初対面の私に自分の人生のヒストリーをすべて語る勢いで、10分以上話してくる人もいました。

共通点がない人の話を一方的に聞き続けるのは苦痛でしかありません。「早く終わらないかな」と心の中で祈るしかありません。もちろん、もう二度と会いたくないと思ってしまいます。

一方で、「田口さんは……ですか？」と、質問攻めにしてくる人もいます。

こうなるのは相手が私のことを著書や講演で知っているからで、ありがたいことではあるのですが、私からすれば「この人は何者なのだろう？」と思いながら答えることになってしまいます。結果的に「質問攻めされたこと」くらいしか記憶に残りません。自分を語り、相手に語ってもらう。そのような**双方向のコミュニケーションがなければ、共通点は浮かび上がってこないのです**。

「自己開示」3割、「相手への関心」7割

お金持ちは、「自己開示」と「相手への関心」のバランスを意識しています。

私の経験では、**自己開示「3割」、相手への関心「7割」がちょうどいいバランス**だと感じています。

実は、こうして2つのバランスをとる姿勢が「どのような会話をしたらいいのか」という不安を払拭することにつながります。

本章では、「自己開示」と「相手への関心」のバランスをとりながら、会話の糸口を探る方法をお伝えしていきましょう。

今日から始めるステップ

独演会と質問攻めをやめよう

2 ニュースと自分の意見はセット

天気の話は盛り上がらない代表格

会話術などの書籍を読むと、「会話上手になりたければ、まずは天気の話をしなさい」などとよく書かれています。

あなたも、初対面の人と「今日はいいお天気ですね」「寒い日が続きますね」といった会話をしたことがあると思います。天気の話は話題として出しやすいので、話したくなる気持ちはよくわかります。

しかし、**天気の話では、ご縁をお金につなげることはできません**。

なぜなら天気の話は、あまり盛り上がらないからです。

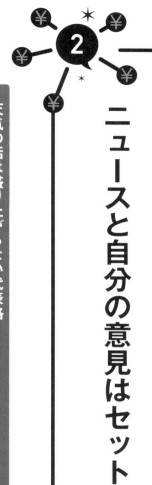

「今日は寒いですね」と言っても、多くの場合、「そうですね」で終わることがほとんどです。センスのある人なら気の利いたセリフを返せるかもしれませんが、通常それをきっかけに会話がふくらむことはありません。

もちろん、台風や大雪、異常気象などであれば、それなりに会話は続くかもしれませんが、だからと言って、「この人とは天気の話で盛り上がったから相性が良い」とは思いませんよね。

「天気の話はしてはいけない」と言いたいわけではありません。私も、もちろん天気の話をすることはあります。

ただ、天気の話は会話のきっかけにはなりますが、ご縁をお金につなぐという雑談の目的を果たすことはできません。

そういう意味では、天気の話は「あいさつの延長線にあるもの」と考えたほうがいいのではないでしょうか。

「あのニュース知っていますか？」にひと手間加えよう

会話のきっかけのネタとしては、「ニュース」も有効だとよく言われます。

実際、世間で話題になっているニュースは、多くの人が知っているので、雑談のネタになりやすいものです。私も日頃からニュースには注目していて、雑談のネタとすることもあります。

ただし、ニュースのネタも、使い方しだいでは無意味な雑談になってしまいます。最悪なのは「あのニュース、知っていますか？」という切り口です。

「A社の偽装疑惑のニュースをご存じですか？」
「ああ、知っています」
「あれはひどいですよね〜」
「そうですね……」

このように、たしかに共通の話題とはなりえますが、「ニュースを知っているかどうか」で終わってしまえば、天気の話と変わりません。そのニュースについてふくらませるネタがあればいいのですが、多くのケースで「知っているかどうか」の確認で終わってしまいます。誰もがインターネットでニュースを見ている時代に、ニュースを知っていること自体に大きな価値はありません。

雑談が上手な人は、話題の「広さ」だけでなく、「深さ」も兼ね備えています。ニュースを知っているかというだけでは話は盛り上がりませんが、同じニュースでもどう読み解くかが加わると「深さ」が生まれます。

ニュースを雑談のネタにするなら、自分なりの視点を交えることが「深さ」につながります。

自分の価値観を語って共通点を見つける

「A社の偽装疑惑のニュースが話題ですよね」

「ああ、そうですね」

「偽装が本当だとしたらひどいですが、A社の技術力と財務力には定評がありますから、この問題の影響を最小限に抑えられれば、きっと再評価されるでしょうね。株価が下がったところで投資をするといいかもしれません」

「そういえば、B社のときもそうでしたね。B社の場合は……」


世の中のニュースのほとんどはネガティブな情報なので、世間もメディアも「あれはひどい」「許せない」といった反応に終始しがちですが、まったく異なる視点から切り取ると、ポジティブな雑談のネタになります。

特にお金持ちは、世間と異なる角度から世の中を捉えることで、チャンスをつかんでいる面があります。たとえば、リーマン・ショックのようなときこそ投資をするには絶好のチャンスであるといった見方をします。だから、お金持ちほど、世間とは異なる視点や価値観をおもしろがって、雑談にも取り入れています。

たとえば、「公務員が兼業規定に違反して不動産投資で年間5000万円の収入を得ていた」というニュースがあったとします。世間の反応は、「公務員が投資でそんなに稼ぐなんてけしからん！」というのが一般的でしょう。

しかし、自分の視点でニュースを切り取れる人は、同じニュースを聞いても、こんな意見を持つかもしれません。

「兼業規定に違反したのは良くないけれど、年間5000万円も収入があったら公務員を辞めても生活できますよね。この人は、実は公務員としての使命感に駆られて、やりがいを持って仕事をしていたのかもしれない。いい仕事をする優秀な公務員だったかもしれませんね」


このように世間一般とは異なる独自の視点や価値観を持っている人がいたら、がぜん関心がわいてきますよね。同じような価値観を持っている人だったら、一気に心の距離が縮まるでしょう。仮に価値観がおかしいと思われても、相性が悪かっただけです。

自分の価値観を語るのも自己開示の一種。当たりさわりのない天気やニュースの話をするよりも、共通点が見つかる可能性は高くなります。

今日から始めるステップ

ニュースを見たら、どう感じたか言葉にしてみよう

3 相手の専門分野×自分の興味＝最強の雑談

「また会いたい」と思わせるひと言

私が講演会やセミナーに講師として行くと、次のように話しかけてくる人が少なくありません。

「田口さん、この間の新刊読みました！」

これは、著者としては最高にうれしいコメントです。著書は自分の分身のようなものですから、時間をかけて読んでくれたというだけで、「この人はいい

人だ！」という好印象を持ちます。単純なものですね（笑）

さらに、「〇ページの×××について書かれた内容は特に役に立ちました。私も実践してみようと思います」などと、共感した部分についてコメントしてくれる人がいると、一気に距離が縮まる感覚になります。別れた後も、その人のことは記憶の片隅に残り、また会いたくなることでしょう。

相手が触れてほしいことや話したいことを、あえて会話のネタにする人は雑談が上手な人です。お金持ちにも、このようなタイプは少なくありません。

さらに私がお金の専門家であることを知っている人は、こんな話題を振ってきます。

「最近お金について勉強をしようと思っているんですが、まずは何から始めたらいいですか？」

「田口さんは、どんな金融商品に投資しているんですか？」

「家計の見直しをしようと思っているのですが、どんな点に気をつけたらいいか教えてくれませんか？」

お金や資産運用は私の専門分野なので答えやすいですし、いつのまにか会話に熱が帯びてきます。

SNSの記事は「話したいこと」

私のように書籍や講演で情報を発信している立場の人には、準備さえすればどんな話をすべきか見当がつきます。

では、そういう相手ではない場合はどうしたらいいでしょうか。

これから会う相手がSNSで情報発信をしていることがわかっているなら、事前に相手のフェイスブックやブログをチェックしておきます。

「フェイスブックを見たのですが、昨日まで北海道に出張に出かけていたのですね。夕食の写真のウニがおいしそうでしたね……」

「毎朝、ウォーキングをされているんですね。私も最近始めたばかりなので、興味を持って読みました」

「経営に対する熱い想いが伝わってきました。特に、人材育成に関する投稿は共感できる部分がたくさんありました」

このようにSNSの記事を話題にすれば、相手は喜んで話してくれます。SNSに投稿している内容は、基本的にその人が「話したい」内容だからです。言いたくもないことをSNSにわざわざ書き込むことはしません。

ただし、注意してほしい点が一つあります。それは、**自分が本当に興味を持てる記事について話題にする**ということです。

自分の興味のない話は聞いているだけでも苦痛ですし、好奇心を持って質問できないので、結果として雑談は盛り上がりません。

「自分も同じ場所に行った」「自分も同じ体験をしたことがある」「考え方に共感できる」といった共通点のある話題を振るのがポイントです。

今日から始めるステップ

これから会う人のSNSを確認する

4 初対面でも一瞬で距離が縮まる魔法のひと言

「主催者」を話題にする

パーティーや交流会などはご縁をつなぐ大切な場ですが、「初対面の人ばかりなので苦手です」という人は少なくありません。「知らない人が相手だと緊張してしまう」「何を話していいかわからない」という気持ちは私もよくわかります。

しかし、そんな人でも、相手との共通点が見つかれば、雑談は盛り上がり、一気に相手との心の距離が縮まります。

そこで、初対面の人が多い場面で使える魔法のひと言をご紹介しましょう。

「○○さんとは、どのようなご関係ですか？」

このひと言です。パーティーや交流会には、必ず主催者や主賓の方がいます。あなたも、主催者と何らかの関係があるから、参加しているはずです。同じようにあなた以外の参加者も、その多くが主催者との接点を持っています。

ですから、**「主催者」という共通点を会話のきっかけとして活用するのです。**

万が一盛り上がらなくてもこう考えよう

たとえば、料理研究家Aさんの主催するパーティーでの会話を紹介します。

「はじめまして。主催者のAさんとは、どのようなご関係ですか？」

「私はAさんの料理スクールに生徒として参加していまして」

「私はAさんの著書を読んでファンになったのがきっかけで、Aさんとは今日が初対面なんです。料理スクールはどんな雰囲気なんですか？」

「とっても楽しいですよ。Aさんもとても気さくな方なので……」

パーティーや交流会では主催者について話してみよう

このように、主催者との関係を糸口にして、会話をどんどん展開していきます。例のように「料理好き」など、お互いのさらなる接点が見つかれば、さらに心の距離は縮まるでしょう。

そのほか、シチュエーションに合わせて**「今日はどのような目的で参加されたのですか？」「今日はどなたの紹介でいらしたのですか？」**といった切り出し方もあります。

主催者や主賓が存在するケースでは共通点のあることがあらかじめわかっているので、人見知りの人でもためらうことなく話しかけやすいですよね。「何と話しかけたらいいかわからない」という人にはおすすめの方法です。

もちろん、お互いに主催者という接点があっても、その後の雑談が盛り上がらないことはあります。そのときは「この人とはご縁がなかった」と割り切って、他の参加者との雑談に臨みましょう。

5

稼ぐ営業マンはこのひと言を使う

8割聞いて2割話す

かつて私が保険の営業をしていたこともあって、セミナーや懇親会ではよく「どうすれば稼げる営業マンになれますか？」と聞かれることがあります。

このとき私は、次のように答えます。

「お客様に興味を持つことです」

意外とシンプルだと思われましたか？　でもこれができていない人は意外と

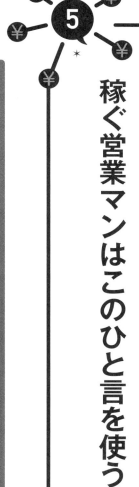

多いものです。営業マンであれば、商品やサービスを売りたいのは当たり前ですが、自分の売りたいものだけを一方的に説明して、相手に興味をもたないというのは失礼な話です。

自分がお客様の立場になればわかりますが、自分のことを知ったうえで、一番合う商品をすすめてほしいと考えるのが普通です。アパレルのショップ店員に「流行だから」という理由で服をゴリ押しされるより、こちらの好みや用途などを聞いたうえで商品をすすめてもらったほうが気持ちよく買えますよね。

特に保険のような商品は、「どんな商品か」よりも「誰から買うか」がお客様の大きな判断基準になります（少なくとも私が営業マンの頃はそうでしたし、現在もその傾向は強まっているように感じます）。一方的に商品を売ろうとして、お客である自分のことを知ろうとしない営業マンから買いたいという気持ちは生まれません。

営業マンにとって、雑談を通してお客様のことを知るというプロセスは欠かせません。営業のシーンで言えば、**8割は相手の話を聞き、自分が話すのは2割くらいが適当**ではないでしょうか。

「御社の自慢は何ですか？」

では、営業をはじめ、一対一のシチュエーションで有効な会話の切り出し方には、どんなものがあるでしょうか。

私の例で言えば、主に企業の経営者を対象に保険を売っていたので、次のような質問をきっかけに雑談を始めていました。

「社長、御社の一番の自慢（商品、売り）は何ですか？」

経営者にとって自分の会社は、わが子のようなもの。自慢したいところが次々と浮かんできます。「今度の新製品は画期的でね……」「うちは優秀な社員が多くて……」と、喜んで話をしてくれる経営者は少なくありません。

また、経営者がお客様であれば、たいていは起業を経験しているので、「社長がこの会社を始めたきっかけは何ですか？」などと、会社設立の武勇伝や苦労話を尋ねるのも効果的です。話が止まらなくなるくらい、会社や自身の人生を話してくれる経営者もいます。

そうした雑談をしていく中で、その会社の強みや弱み、経営者の抱えている悩みなどを知ることで、お客様に最適の商品を提案することができるのです。

社会科見学の感覚で質問する

お客様が提供している商品やサービスに興味を持つことも大切です。

私が保険の営業をしていた頃は、メーカーのお客様も多かったので、実際に工場などを見学させてもらうこともありました。

じっと見ていると、製造ラインの上を材料が流れていき、プレス機であっという間に商品ができあがっていく……。

そんな光景はなかなか見る機会がないので、私は社会科見学の感覚で、「あの部品はなんですか?」「なんでこんなに早くできるんですか?」と質問すると、経営者は「いいところに目をつけたね！ 実は、あの部品は今人気の車に搭載されていて……」と、喜んで説明してくれました。

経営者としては、自分たちが精魂込めてつくっている部品に興味を持ってもらえたことがうれしかったのでしょう。こうした会話がきっかけで雑談が盛り上がり、保険の契約へ至ったケースは数多くあります。

自社の商品を売ることばかり考えて、お客様に興味を持たない営業マンは、必ず頭打ちになります。少なくとも企業を訪問する前には、ホームページやブログで、その会社の商品やサービスなどをチェックしておく必要があります。そのうえで、実際に企業を訪問する際には、経営者に聞いてみたい質問リストまで準備をしていればベストです。

相手に対して興味を持つ。これは、営業マンに限らず、どんな仕事、業種でも求められる姿勢です。**相手に興味を持たなければ、相手から興味を持ってもらえることはない**のですから。

今日から始めるステップ

会社を訪問する前にホームページをチェックしよう

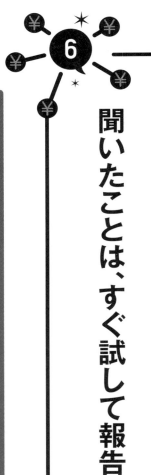

6 聞いたことは、すぐ試して報告

短時間で印象を残す会話

お金持ちにとって雑談の目的の一つは、ご縁をお金につなげること。そのためには雑談を通じて「また会いたい」と思ってもらうことが大切です。
ここでは、短時間の会話でも、相手から「また会いたい」と思ってもらえる、とっておきの質問をご紹介しましょう。

全国で講演をしていると、一度にたくさんの人と交流することになるので、一対一で会話ができる時間はおのずと限られてきます。なので、正直に言うと、名刺交換をしても、顔と話した内容を覚えていない人もいます。

しかし、限られた短い時間であっても、ご縁をつくるのが上手だなと思う人は、次のような質問をしてきます。

「田口さん、これまで読んだ中で、一番おすすめの本は何ですか？」

私がこの質問に答えると、「ありがとうございます。読んでみます」と言ってその場は別れるのですが、後日、メールで連絡が届きます。

「田口さん、先日の講演会でお会いした○○です。そのときに教えていただいた本を買いました。読んでみて感じたことは……」

メールには、書籍を読んだ感想も添えられています。

ここまでされると、悪い気はしません。自分のお気に入りの書籍を読んでいるという共通点ができたので、グンと親近感がわいてきます。この人から「ぜひまたお会いしたい」と言われたら、前向きに考えるのが人情です。

このように「おすすめの書籍」をきっかけに仕事が始まった例は少なくありません。

聞いたことは即実行⇒報告を

人は自分が好きなものを、誰かに「私も好きです」と評価してもらうことに喜びを感じます。

あなたがお気に入りのレストランを紹介した後、相手から「この間、行ってきました。おいしかったです」と報告されたら、うれしいですよね。もっとほかのレストランも教えてあげたいという気持ちにもなります。

もし「この人とお近づきになりたい」という相手がいれば、こうした人間心理をうまく活用するといいでしょう。

雑談の相手が、日本酒好きだということがわかれば、「おすすめの日本酒は何ですか?」と聞いて、すすめられたものを実際に飲んで報告する。温泉が好きだとわかれば、「おすすめの温泉はどこですか？」と尋ねて、実際に足を運んでみる。**相手の興味のあることを実際に体験すれば、強力な共通点を持つことができます。距離が一気に縮まる可能性が大でしょう。**

この手の質問は、相手の興味・関心に合わせるのが原則ですが、一番使い勝手がいいのは、**「これまで読んだ中で、一番おすすめの本は何ですか？」**です。

どんな人でもおすすめの書籍が一冊はあるはずですから、相手も答えやすいですし、何よりも書籍を入手するのに、それほど手間はかかりません。レストランや旅行先をすすめられても、行動に移すのは簡単ではありませんが、書籍なら気軽に買って読むことができます。

「あとでやってみよう」が縁の切れ目

ここで紹介した手法を実践するコツは、できるだけ早く実行に移すこと。

人間は忘れやすく、面倒くさがる生き物です。「あとで、やってみよう」と思っても、忙しさの中で忘れてしまうものです。

おすすめのレストランを教えてもらったら、とりあえず予約を入れてしまう。おすすめの書籍を教えてもらったら、帰り道で書店に立ち寄って購入したり、インターネット書店で注文する。

以前、私がおすすめした書籍をインターネット書店で検索して、私の目の前で購入した人もいました。**行動が早ければ早いほど、相手の印象にも残りやすくなります。**

今日から始めるステップ

おすすめされたことはすぐ試そう

7

あえて突っ込みポイントをつくる

自分からオープンにならないと、相手は心を開かない

相手に興味を持つことと同じくらい大切なのが「自己開示」です。つまり、自分はどんな人間であるかを相手に伝えることです。

心を開いて自分を開示しなければ、相手は心を開いてくれません。お互いに心を閉ざしたままでは、それこそ天気の話など当たりさわりのない会話しかできず、共通点は見つけられません。

見ず知らずの初対面の人に、いきなり「あなたは何をしている人ですか？」と尋ねられたら、思わず警戒してしまいますよね。**会話の初期の段階で、自己**

開示をするのが、雑談をご縁につなげるコツです。

初対面の人と雑談をするとき、最初の自己開示となるのは、名刺交換のシーンです。名刺には、名前や会社はもちろん、部署名や専門分野などが記載されています。

名刺の内容によっては、そこから雑談が展開していくこともあります。

「珍しい苗字ですね。どちらの地方に多いお名前なのですか？」
「企画開発部というと、どんな仕事をされているのですか？」
「ファイナンシャルプランナーの資格をお持ちなのですね。どのように仕事に活かしておられるのですか？」

このように相手から質問されたり、逆に質問したりすれば、お互いの共通点が見つかることもあるでしょう。名刺は、雑談のきっかけをつくる重要な自己開示ツールなのです。

名刺にも突っ込みポイントを散りばめる

雑談が上手なお金持ちは、あえて会話の中に突っ込みどころをつくって、盛り上がる糸口にします。名刺も例外ではありません。

彼らは、自分のパーソナルな部分が伝わるような名刺を持っています。自分の仕事の専門分野や得意分野、取得した資格だけではなく、個人の趣味や好きなもの、自分の出身地などを記載している人も少なくありません。

「沖縄の宮古島出身」「全国の神社を参拝するのが趣味です」「ラーメンの食べ歩きがライフワークです」「ゴルフを始めました」などと書いてあれば、興味のある人はいろいろと質問したくなるはずです。

あるいは名刺の紙質にこだわり、触り心地でハッとさせる人もいます。

名刺はこうしなければいけないというルールはありませんが、「これって何ですか？」と相手が聞きたくなるような工夫があると、会話のきっかけをつくることができます。

会社員の場合は、パーソナルな情報を載せることはできませんが、お金持ちになるような人の中には、会社の名刺とは別に、個性的なパーソナル名刺を用意し、使い分けている人もいます。

名刺一枚がお金に換わる

戦略的な人は、名刺を雑談の糸口としてだけでなく、**ビジネスへと直接つなげるツールとしても活用しています**。

たとえば、私の場合はお金に関するテーマで講演するのがライフワークなので、出会いをきっかけに講演会の講師として呼んでもらえるのが、最も理想的な展開と言えます。

したがって、私はお金の専門家であり、作家でもありますが、名刺の肩書は、意図的に「講演家」としています。名刺の裏には得意とする講演の演目を並べ、「気軽にご連絡ください」と書いてあります。

また、著書の表紙を載せて、「累計部数50万部」と謳《うた》っているのは、講演会の主催者となる人に「この人なら、本もたくさん出しているし、集客もしやすいかな」と思ってもらうためです。

名刺にこのような情報を載せておくと、講演会を主催する立場にあるような人は、こんな質問をしてきます。

「最近はどんなところで講演をしたんですか？」
「講演で話してもらうには、何人くらい人を集めればいいですか？」
「ぶっちゃけ、ギャラがいくらなら講演をしてもらえますか？」

このように名刺から始まった雑談がきっかけで、実際に講演会をした例は数えきれないくらいあります。

もちろん、講演会とは関係ない人や、私のことを知らない人であっても、お金の書籍を書いている専門家ということは伝わる名刺なので、書籍やお金といった話題を入り口に、雑談は盛り上がります。

私の例は少し特殊かもしれませんが、コンサルタント業や士業の方であれば、依頼につながるような情報を名刺に記載したり、営業マンであれば商品の情報を具体的に載せたりしてもいいでしょう。

情報は多ければ多いほど突っ込まれやすい

雑談の突っ込みどころをつくるという意味で、名刺はできる限り情報を詰め込んだほうがいいでしょう。

私が出会ってきたお金持ちの中には、名刺に情報を詰め込んでいる人も少なくありません。

私の名刺も情報がぎっしりりで、ほとんど余白はありません。文字が小さくなってしまうというデメリットはありますが、経験上、パーソナルな情報が多く詰め込まれている名刺のほうが、雑談のきっかけをつくりやすくなります。

また私は最近、名刺を補完するツールとして、はがきサイズのプロフィールカードをつくり、初対面の人に渡しています。趣味や関心事など名刺に入りきらないパーソナルな情報も盛り込んでいるので、さまざまな角度から「突っ込み」を受けることになり、これまで以上に雑談がしやすくなったのは言うまでもありません。

今日から始めるステップ

会社以外のパーソナル名刺をつくろう

8 オーガニックフードの話はしない

意見が割れるニュースは避ける

共通点が見つかり、話が盛り上がるのであれば、雑談のテーマは何でもいいと思いますが、なかにはふさわしくないものがあります。

それが政治や宗教に関する話題です。

初対面の人がいきなり、「私は○○党を支持しています」「私は○○教を信仰しています」と言うことは考えにくいですが、主義や思想は繊細な問題なので、触れないのが無難です。一気に壁ができてしまう可能性もあります。

注意が必要なのは、間接的に政治や宗教の話題に触れてしまうケースです。

昨年は安保法案の攻防がニュースで大きく取り上げられましたが、会話の流れの中で「私は賛成です」「私は反対です」と口走ったことが相手の考え方や思想と異なると、相手を怒らせたり、思わぬ論戦になったりすることもあります。

いくら世間で話題になっていても、安保問題や原発問題など、国民の意見を二分するような政治的な話題はなるべく避けたほうが良いでしょう。わざわざ地雷を踏む必要はありません。相手がもしそのようなテーマを出してきたときは、あえて聞き流すようにしましょう。

オーガニックフードの話も避けるべき!?

政治や宗教以外にも、偏った考え方や思想を話題にするのも避けたほうが無難です。

たとえば、好きな食べ物や料理の話は雑談に向いていますが、オーガニック（農薬を使用しない野菜や添加物が入っていない食料品）やベジタリアンなどの話は、突っ込みすぎの可能性があります。

もちろん、オーガニックにこだわるのは個人の自由ですし、程度によっては話題にしてもいいと思いますが、たとえば、相手とおすすめのレストランの話をしているときに、「私はオーガニックにこだわっているので、添加物の入ったレストランには行きません」という話をしたら、どうでしょうか。

オーガニックにこだわりがある人なら会話が弾むかもしれませんが、「こだわりが強い人だな」「ちょっと価値観が違う」と感じる人がいるのも事実です。

雑談は相性の良い人かどうかを見極めるリトマス試験紙の役割も持っていますが、**お金持ちになる人は人間関係を極端に狭めるようなことはしません。むしろ共通点を積極的に探して、多くの人とつながりを持とうとします。**

政治や宗教に関する話題は、ある程度関係ができてから話すのはいいかもしれませんが、少なくとも初対面の段階では封印したほうがいいでしょう。

今日から始めるステップ

意見が分かれそうなテーマを話題にすることは避けよう

9

さらに盛り上がりそうなときこそ雑談の切り上げどき

10分以上の雑談は失格

雑談は長く続くほどいい――そんな誤解をしている人もいるようです。

たしかに、まったく会話が続かないよりは、沈黙なく会話が展開していくほうがいいでしょう。また、共通点がたくさん見つかり、意気投合して話が止まらなくなることも決して悪いことではありません。

しかし、出会いをご縁につなげるお金持ちが雑談にかける時間は、それほど長くはありません。長くても10分程度です。

営業の仕事では商談のほとんどの時間が雑談ということもありえますが、交流会や懇親会など、複数の初対面の人とコミュニケーションをとるような場面では、雑談の中で一つでも共通点が見つかり、お互いの距離が縮まったと思ったら、それで十分だと考えます。

実際、初対面の人と出会ったその日に、「仕事を一緒にやりましょう」と話がまとまることはありません。さっき会ったばかりの人に、「あなたとは気が合いそうなので、一緒にビジネスをやりましょう」と言われても、困惑してしまいますよね。出会ったばかりの人にプロポーズするようなものです。

ほとんどの場合、**その日のご縁が次につながって、お金に換わるのは何度かコミュニケーションをとってからです**。そして、「この人とは相性が良い。信頼もできる」と確信してから、実際のビジネスにつながっていきます。

雑談は、共通点が見つかった瞬間がゴール

お金持ちは雑談を続けることに固執しません。

たった3分でも共通点が見つかり、「心の距離が縮まった」という実感があ

れば、その場で雑談を切り上げます。

相性が良さそうなことがわかり、お互いの印象に残れば、それで十分と考えているからです。なかには、お礼メールを翌日に送ると、再びお会いする日程を調整してもらえるケースもあります。その場合は、「この間は、○○の話をしましたね」というやりとりができれば、さらにご縁はつながっていきます。

一方で、お金持ちは共通点が見つからない相手と、ずるずる雑談を続けることもありません。共通点を探るべく努力はしますが、**いくつか話題を変えても、距離が縮まらない場合は、いさぎよく雑談を切り上げます。**

雑談をすることが目的になってはいけません。あくまでもご縁のある人を見つけること、そしてそのご縁を将来につなげるのが目的であることをお忘れなく。

今日から始めるステップ

共通点で盛り上がったら、雑談を切り上げよう

共通点で盛り上がったときが、雑談のゴールです。

Chapter 3

このアンテナの立て方がすごい！お金持ちの情報の集め方

1 お金持ちは毎日の生活にニュースを見つける

「専門バカ」はご縁を遠ざける

あるパーティーに参加したときのこと。初対面で30代の男性と話す機会がありました。

簡単な自己紹介を済ませると、彼は「洋楽は聞きますか？」と質問してきました。まったくではありませんが、洋楽はあまり聞かないので、「○○をたまに聞くぐらいですね」と答えました。

すると、彼は水を得た魚のように洋楽について語り出し、話が止まらなくなりました。だいぶ専門的な話なので、私は「そうですね」と相づちを打つのが精いっぱい。何度か別の話題に切り替えようと試みるのですが、彼は「そう言えば、さっきの話の続きですが」と言って、また洋楽の話に戻してしまいます。こうした一方通行の会話が20分以上続きました。

彼は最後までとても楽しそうに話していましたが、本音を言えば、私は「早く終わらないかな」と思いながら聞いていました。

あなたも同じような経験をしたことがあるのではないでしょうか？

くり返しになりますが、雑談はお互いの共通点が見つかってはじめてご縁がつながります。一方的に好きなことを話すほうは気分が良いかもしれませんが、興味のない話を聞き続けるほうは苦痛でしかありません。

雑談が上手なお金持ちに、自分の得意なこと、好きなことばかり話す人はいません。

もちろん、お金持ちは専門分野を持っているからこそ、その分野でお金を稼ぐことができるのですが、けっして「専門バカ」ではありません。

専門分野のほかにも、会話のネタとなるような「引き出し」をたくさん持っているのです。

たとえば、スポーツや芸能、最近の流行まで幅広い知識と興味を持っていて、雑談のネタに困ることがありません。相手に合わせてさまざまなテーマで会話を楽しむことができるので、共通点が見つかりやすくなり、お金につながる人脈も広がっていきます。

有名人で言えば、タモリさんのようなイメージです。

特に鉄道や坂道、料理などの分野で専門家顔負けの知識を持っていますが、それ以外にも幅広いジャンルの知識を持ち、どんな人とでも15～20分ほど会話を成り立たせる技術があります。それは、『笑っていいとも!』『タモリ倶楽部』『ブラタモリ』などの番組を見たことがある人であれば、イメージしていただけるのではないでしょうか。

引き出しが多ければ多いほど、雑談が盛り上がる可能性が高まります。

私自身もお金の専門家ではありますが、いつもお金の話をしているわけではありません。

相手との共通点を探りつつ、さまざまテーマで雑談をしています。もし、お金の専門家ということで、何でもかんでもお金の話に結びつけて雑談をするような人は嫌ですよね。まわりから人もお金も離れてしまうでしょう。

日々の生活の中から「引き出し」を増やす

お金持ちになる人は、情報収集に余念がありません。

と言っても、新聞や書籍を大量に読みあさったり、テレビやインターネットを一日中見たりしているわけではありません。特別な情報網を持っているわけでもありません。

話の引き出しが多い人は、人や物事への好奇心が強く、日々の生活の中から自然と情報収集をしているのです。

ですから、人と会うことを面倒くさがることはありませんし、相手の話に興味を持って耳を傾けます。そしてご縁がどんどんつながり、広がることに喜びを感じます。

休日に出かけたときも、何かおもしろいことはないだろうかと、常にアンテナを張りめぐらせているので、どんどん情報が入ってきて、雑談のネタになります。

お金持ちは「引き出し」を増やすことを意識して行動すると同時に、その過程すら楽しんでいます。

そのため、新聞を読んでいても、ただ読み流すのではなく、「この事件の背景には、こんなことがあるのではないか」「このニュースは、逆の視点から見れば、まったく意味合いが異なるのではないか」という具合に、興味をどんどん広げていきます。だから、他人と同じニュースを見ても、自分なりの視点でニュースを雑談のネタにすることができるのです。

くり返しになりますが、今はどこにいても情報をキャッチできる時代です。だからこそ、自分なりの意見を持つことに意味がありますし、それこそが雑談が盛り上がるきっかけになります。

自分なりの視点でニュースを見続けることによって、どんどん引き出しの数は増えていき、雑談のネタとして活かされるのです。

あなたの街でも田口智隆先生の講演会を開催してみませんか!

これまでに全国各地で1000回以上開催されてきた田口智隆先生による「学校では絶対に教えてくれないお金の授業」をあなたの街でも開催してみませんか。右肩下がりのどん底人生からどのようにして経済的自由人になれたのか、田口先生の実体験をベースに楽しくお金について学ぶことができます。

講演は田口先生のライフワークということで、「お声掛け頂ければ47都道府県どこへでも伺います」とのこと。ご希望の方は、まずは下記までメールでお問い合わせください。

① あなたのお名前
② メールアドレス
③ ご住所
④ 講演会のご希望日時
⑤ ご質問等をご記入のうえ、

taguchi.tomotaka@gmail.com

までお送りください。

※メールの件名は「田口智隆先生講演会希望」とお書きください。

田口智隆・これまでの人生グラフ
お金
時間
収入の複線化
20才
28才
転機!!
お金で沢山失敗
右肩下がりから
経済的自由人の
右肩上がりへ!!
義の人!
上杉謙信
大好き!!
新潟も好き!
…実は
某夢の国も
大好き
神社好き♪
お城好き!
和食好き!
田口智隆
全国各地で
1年に200回以上講演!!
学校では
教えてくれない
お金の授業
47都道府県お声かけあれば
どこへでも!!
著作累計
50万部!!!
講演は
ライフワーク
お金の講演家です。
お金編
マネー編
個性心理學
他の人とは
ちょっと違う講演会
…どう違うの?
右肩上がりではない!!
順調ではない!!
おはなし
60分類キャラクターに合った
「お金のおはなし」
失敗談も
お話しします!
言いたいコト
言っちゃいます!
私の
実体験が話のベース
です
どうやって
お金とうまく
付き合うか!?
お金とのつきあい方…
使い方…
くせ…
お話しします!

今日から始めるステップ

自分の好きなことばかり話していないか振り返ろう

2 新聞やニュースを見る時間を決める

ニュースサイトの見出しだけでも眺めてみる

会話の引き出しが多い人は、「新聞をしっかり読んでいる」というイメージがあるかもしれません。

たしかに、お金持ちのなかには、複数の新聞に目を通している人も多く、朝日、読売、毎日、日本経済新聞にとどまらず、日経産業新聞やスポーツ新聞まで毎日購読している人もいます。それだけ読めば、頭の中にインプットされる情報量は多くなりますし、雑談のときもさまざまなテーマで会話することができます。

特に日経新聞を読んでいるビジネスマンは多いので、「日経のあの記事、読みましたか？」というような会話になるケースがよくあります。日経新聞を読んでおいて、損をすることはないでしょう。

私が知る限り、お金持ちの多くは複数の新聞を購読しています。

一方で、「新聞なんて読まなくても、Ｙａｈｏｏ！　ニュースなどインターネットの情報で十分ではないか」という声があるのも事実です。たしかに、速報性という意味では、ニュースサイトに軍配が上がります。

しかしＣｈａｐｔｅｒ２でお伝えしたように、ニュースそのものを知っていても、雑談が盛り上がるとは限りません。それよりも、**自分なりの視点や価値観でニュースを語れるかどうかのほうが重要です**。

新聞がすぐれているのは、新聞社によって論調が異なる点です。

たとえば、「〇〇の販売額が前年比５％減」というニュースでも、Ａ社は「５％減は業界の危機」と報じ、Ｂ社は「５％減に食い止めた。明るい兆し」と報じるかもしれません。複数の新聞を読んでいれば、ニュースをさまざまな観点から捉える思考を養うことができます。

また、一覧性も新聞のメリットです。

ニュース一つひとつに見出しがついているので、見出しを眺めているだけでも、世の中の動きがわかります。自分が気になる見出しがあれば、その記事をじっくり読むこともできます。

Ｙａｈｏｏ！　ニュースにも見出しはついていますが、一度に見られる情報には限りがありますし、一日に何度もサイトにアクセスしなければなりません。アクセスするたびに、仕事の手を休めてネットサーフィンに夢中になりがちなのも、ニュースサイトのデメリットと言えます。

最初から自分なりの意見を持とうと意気込む必要はありません。まずは見出しを眺めてみましょう。読もうとしなくてＯＫです。

理想は、スポーツ新聞も含めて複数の新聞に目を通すこと。電子版でも問題ありません。そうすることで、会話の引き出しは、間違いなく増えていきます。

情報収集する時間を決める

それでも、「なかなか新聞を読む時間が取れない」という人もいるでしょう。そういう人におすすめなのは、新聞に目を通す時間を短くしてルーティンにしてしまうことです。

たとえば、「朝食後の10分間は必ず新聞を読む」と時間を決めてしまう。新聞の電子版であれば、通勤電車の中で読むことをルーティンにしてもいいでしょう。

時間を区切れば、仕事や生活に支障が出ることはありませんし、むしろ効率良く情報収集ができます。習慣になれば、意外と苦もなくできるものです。

なかには、「活字は苦手。テレビのほうが向いている」という人もいるでしょう。そんな人におすすめなのは、NHKのニュースを毎日見ること。私は朝7時に始まるNHKのニュースを毎朝見ることをルーティンにしています。

NHKでも、民放でも、**毎日見て、定時観測をすることが大切です**。

毎日、同じ時間に同じニュース番組を見ていれば、世の中で話題になってい

毎日、決まった時間に新聞やニュース番組を見よう

るニュースや問題を知ることができます。日々のルーティンにしていれば、時事ネタの雑談についていけないという心配はなくなります。

またNHKのニュースが良いのは、いい意味でフラットである点です。論調にそれほど偏りがなく、淡々と事実を伝える傾向があるので、そのニュースを見てどのように捉えるか、自分なりの視点を鍛えるトレーニングになります。

同じニュースであっても、世間の見方と異なる視点や、その人ならではの価値観から切り取った視点で語ることができると、相手に「この人、おもしろい視点を持っている」「この人ともっと話してみたい」と思ってもらえます。**特にお金持ちほど、一般論や常識論とは違う視点をおもしろがる傾向があります。**

もちろん、一朝一夕には自分の視点でニュースを語るのは難しいかもしれませんが、ニュースを自分なりの視点で読み解くことを毎日のルーティンにすれば、自然と雑談の質も上がっていくはずです。

3 雑誌の見出し・電車の中吊り広告を毎日眺める

自分がおもしろいと思うネタこそ雑談に使える

雑誌も雑談ネタの宝庫です。

私は人と待ち合わせをするとき、30分くらい余裕をもって待ち合わせ場所に到着するようにしています。そして、時間になるまで書店やコンビニで新たな雑談ネタの情報収集をすることがあります。

雑誌が並んでいる棚をザーッと眺め、気になった記事があったら、その雑誌を購入して後でじっくり読む。これも私流の情報収集の一つです。

私の場合、定期購読している雑誌はありませんが、読んでみたい記事が一つでもあったら必ず購入するようにしています。週刊誌、ビジネス誌、情報誌などジャンルにはこだわらず、気になった記事があれば、女性誌を購入することもあります。

どの雑誌を買うかの基準はシンプル。自分が本当に読んでみたいと思うかどうか、これだけです。

「この記事を読んでおくと雑談に使えそうだ」というような理由で雑誌を手に取る人もいるようですが、私はおすすめしません。

なぜなら、自分がおもしろいと思っていない話題を、おもしろおかしく話すのは難しいからです。イヤイヤ勉強した内容を楽しく語れる人がいないのと同じです。

自分が心からおもしろい話だと思えるからこそ、相手にそのおもしろさが伝わり、雑談が盛り上がるのです。自分の好奇心に素直になりましょう。

新聞記事もまったく同じで、自分が気になる見出しの記事をじっくり読むのが原則です。「雑談で使えるかも」という動機で読んだ記事は印象に残らず、実際の雑談でもほとんど使えません。

電車の中吊り広告は国民的関心事の縮図

電車の中の中吊り広告も情報源の一つです。週刊誌や女性誌には、センセーショナルな見出しがたくさん並んでいます。

なかには有名人のスキャンダルなど下世話な話題も少なくありませんが、雑誌の中吊り広告に踊っている見出しは、多くの人の関心事であるのも事実。特に中吊り広告は、国民的関心事の縮図と言っても過言でありません。目に入った広告を眺めておくだけでも、世間でどんなテーマが話題になっているのかをつかむことができます。

もちろん、その中に読んでみたい記事があれば、その雑誌を購入して読むことで、雑談のネタが一つ増えることになります。

今日から始めるステップ

見出しが気になった雑誌を1冊買ってみよう

4 定期的に旅行に出かける

旅先での体験はイキイキと語れる

お金持ちに、引きこもりの人はいません。人が集まるところにお金も集まるので、お金持ちは積極的に外に出て交流を楽しんでいます。

そして、お金持ちに共通しているのは、**旅好きの人が多い**ということです。国内外を問わず、旅に出れば、普段の生活では味わえないような体験ができますし、魅力的な人々と出会いもあります。海外に行けば、日本の常識に捉われない斬新なアイデアを思いつくこともあるでしょう。しかも、旅先での体験が雑談のネタとなり、引き出しが増えていきます。

郵 便 は が き

料金受取人払郵便

日本橋局
承 認

9449

差出有効期間
平成30年3月
21日まで

切手をお貼りになる
必要はございません。

103-8790

953

中央区日本橋小伝馬町15-18
常和小伝馬町ビル9階
総合法令出版株式会社 行

本書のご購入、ご愛読ありがとうございました。
今後の出版企画の参考とさせていただきますので、ぜひご意見をお聞かせください

フリガナ お名前	性別 男・女	年齢 歳
ご住所 〒 TEL （ ）		
ご職業 1.学生 2.会社員･公務員 3.会社･団体役員 4.教員 5.自営業 6.主婦 7.無職 8.その他（ ）		

メールアドレスを記載下さった方から、毎月5名様に書籍1冊プレゼント!

新刊やイベントの情報などをお知らせする場合に使用させていただきます。

※書籍プレゼントご希望の方は、下記にメールアドレスと希望ジャンルをご記入ください。書籍へのご応募は1度限り、発送にはお時間をいただく場合がございます。結果は発送をもってかえさせていただきます。

希望ジャンル：☐ 自己啓発 ☐ ビジネス ☐ スピリチュアル

E-MAILアドレス ※携帯電話のメールアドレスには対応しておりません。

お買い求めいただいた本のタイトル

■お買い求めいただいた書店名

（　　　　　　　　　　）市区町村（　　　　　　　　　　）書店

■この本を最初に何でお知りになりましたか

□ 書店で実物を見て　□ 雑誌で見て（雑誌名　　　　　　　　）
□ 新聞で見て（　　　　　　新聞）　□ 家族や友人にすすめられて
総合法令出版の（□ HP、□ Facebook、□ twitter）を見て
□ その他（　　　　　　　　　　）

■お買い求めいただいた動機は何ですか（複数回答も可）

□ この著者の作品が好きだから　□ 興味のあるテーマだったから
□ タイトルに惹かれて　□ 表紙に惹かれて　□ 帯の文章に惹かれて
□ その他（　　　　　　　　　　）

■この本について感想をお聞かせください

（表紙・本文デザイン、タイトル、価格、内容など）

（掲載される場合のペンネーム：　　　　　　　）

■最近、お読みになった本で面白かったものは何ですか？

■最近気になっているテーマ・著者、ご意見があればお書きください

ご協力ありがとうございました。いただいたご感想を匿名で広告等に掲載させていただくことがございます。匿名での使用も希望されない場合はチェックをお願いします☑
いただいた情報を、上記の小社の目的以外に使用することはありません。

実際、旅行の話は雑談のネタとして重宝します。

理由は二つあります。

一つは、一般的に旅行が嫌いという人は少ないということ。旅は嫌いという人もなかにはいますが、相手が旅好きであれば、旅の話は盛り上がるテーマの一つです。

もう一つは、自分だけの体験を語れること。

旅は日常とは違うので、普段は起こらない出来事を経験します。たとえば、この世のモノとは思えないような絶景に出会ったり、地元でしか食べられない食材や料理に舌鼓を打ったり、旅先で現地の人と心温まる交流があったり……。トラブルも少なくありません。南の島に出かけたのに毎日雨だったり、団体旅行で誰かが迷子になってしまったり……。そんな想定外のことが起きるのも旅の醍醐味ですし、そんなトラブルも良い思い出となって、雑談のネタになります。

しかも、自分が体験したことですからイキイキと臨場感をもって話せますし、自然とオリジナリティーの高い話になります。そんな話であれば、聞き手もワクワクしながら耳を傾けたくなります。

旅先で購入した3つの鈴

最近、私が雑談のネタとして話をする機会が多い旅先のエピソードを例として紹介しましょう。「神社の鈴」の話です。

ある観光地の神社を訪れたとき、境内のガイドツアーに参加しました。無料で神社の歴史や見どころを解説してくれるのでありがたいと思って参加したのですが、結局、思わぬ出費をすることになってしまいました。

最初に案内された建物で、ガイドさんは歴史などの解説をはじめたのですが、テーマはいつしか神社で売っている鈴の御守りの話へ。この鈴を買って身につけていると、ご利益があるとのこと。私はせっかく来たのだからと、おみやげにその鈴をいくつか購入しました。

次に、本殿の建物内に移動すると、ガイドさんはひと通り解説をしたあと、またもや鈴の御守りの話をはじめました。先の1つ目の鈴の倍の値段ですが、ご利益の種類が違うのだと言います。十分なご利益を得られないのは困ると思った私は、2つ目の鈴も購入することにしました。

そして、最後のおみやげコーナーに私たちを案内したガイドさんは、こう切り出しました。

「もう一つ鈴の御守りがあります。この鈴はこれまでのものとは別格です。その証拠に鈴の音色が違います」

ガイドさんはそう言って、おもむろに鈴を振りました。すると、シャリン、シャリンと、これまで聞いたことのない美しい鈴の音色が響きわたりました。単純な私は、「これを持っていれば、絶対にご利益があるに違いない」と確信し、購入することにしました。先の二つの鈴とは値段のケタが一つ違ったのですが、迷わず購入しました。

気づけば、鈴の御守りだけで合計1万円を超えていました……。

要は、「商売上手な神社だった」という話なのですが、寺社仏閣やパワースポットなどに興味がある相手に、こんなエピソードを披露すると興味津々で話を聞いてくれて、これまで行ったことのある神社などの話で盛り上がります。

私の経験上、お金持ちは神社仏閣などに関心を持っている人が多いです。

話が盛り上がって、「今度、会うときにその鈴を持ってきてください」と言われることも、何度もありました。ここまでのコミュニケーションができれば、確実にご縁はつながっていきます。

また、相手が経営者だったりすると、「商売上手な神社ですね。これはビジネスにも通じる話で……」といった具合に話が転がっていきます。

旅に出れば、「神社の鈴」のように雑談のネタになる出来事が、一つや二つは転がっているものです。みなさんもぜひ旅行に出かけて、いろいろな体験をしてみてください。きっと会話の引き出しが増えていきます。

あなたの住む街にも雑談ネタは眠っている

とはいえ、頻繁に旅行に出かけられないという人もいるでしょう。

そういう人は、自分の住んでいる街を散策するだけでも、雑談のネタは見つかります。

たとえば、これまで行ったことのなかったスポットに出かけてみるのも一つの手です。あとで触れますが、私は神社などのパワースポットを巡るのが好きで、旅先にかぎらず、講演で地方を訪れたついでに、これまで参拝したことのなかった神社に立ち寄ったり、地元から気軽に行ける神社を探して出かけたりしています。

普段よく行く街でも、名前を聞いたり、テレビで取り上げられたりしているけれど、実際に足を運んだことのないスポットは意外と多いはず。そんなスポットを散策していると、「この街にはこんな歴史があったんだ」「この公園は花がいっぱい咲いていてキレイ」「こんなお店があるとは知らなかった」といった新しい発見があります。名もなき小路であっても、はじめて歩くとさまざまな気づきや出会いがあるものです。

近場であっても、はじめてのスポットの足を運べば〝プチ旅行〟の気分を味わえるのです。

今日から始めるステップ

今週末、旅行に出かけてみよう

週末にでも地元や職場近くにある観光スポットに足を運んでみてはいかがでしょうか。美術館、博物館、ショッピングセンター、公園、展覧会、話題のお店……などなど、存在を知ってはいても、足を運んだことのないスポットはたくさんあるはずです。

5

旅行の話で盛り上がる3つのネタ

「定番の観光地」は鉄板ネタ

旅の話の中でも、特に盛り上がるネタが3つあります。

1つ目は、多くの人が行ったことのあるベタな観光地です。

たとえば、京都。日本を代表する観光地であり、修学旅行の定番スポットでもあるので、日本人の多くは、一度は京都に足を運んだことがあると考えてもいいでしょう。

「この間、京都に行ってきたんです」「来週、京都の清水寺に行ってくるんです」と話を振れば、「私も行ったことあります」「いいですね、私も行ってみたいです」といった反応が返ってきます。その後は、京都の話を深めていっても、他の観光地に話が及んでも楽しいでしょう。

そのほか、富士山や東京タワー、スカイツリー、ディズニーランド、温泉地なども定番の観光スポットとして、雑談のきっかけになります。海外旅行が好きな相手であれば、ハワイ、グアム、韓国などの話もいいでしょう。

気軽に行けない「秘境」がネタになる

2つ目は、多くの人が行きたいけれど、なかなか行けないスポットです。

たとえば、テレビ番組や雑誌などでよく取り上げられる秘湯。青森県の日本海側に「不老ふ死温泉」と言って、海辺の露天風呂が名物の宿があります。

ダイナミックなロケーションと夕日が美しい温泉として、よくメディアに登場しますが、東京駅からだと電車を乗り継いで約7時間もかかります。だから、近県に住んでいない限り、実際に入浴したことのある人は多くありません。

しかし、実際にこの温泉に入浴したことのある人であれば、こんなエピソードをイキイキと語れます。

「あの温泉は評判どおり絶景だったけど、さすが海の近くの宿だね。夕食で食べた地魚の刺身は最高でしたよ」

「感動的な温泉だったけど、脱衣所も外だから海からの風が冷たくて、なかなか湯船から出られなくて大変でした」

相手がその秘湯に行ってみたいと思っていれば、興味を持って聞いてくれるでしょうし、温泉の話で盛り上がれます。

同様に、富士山の山頂や、ペルーのマチュ・ピチュ遺跡など、海外の秘境スポットなども、知名度のわりに実際に行ったことのある人は少数派なので、雑談のネタになります。**引き出しが豊富な人は、定番の観光スポットと秘境の両方に足を運んでいるのです。**

旅のおみやげは定番が効果的

3つ目は、おみやげです。

これは旅のタイミングにもよりますが、2~3日以内に誰かと会う予定がある場合には、旅先でおみやげを買ってプレゼントするのも雑談のネタになります。

受け取るほうとしては、自分のためにおみやげを選んでくれたこと自体が素直にうれしいですし、自然と旅先の話を聞きたくなります。

高価なものである必要はありません。あまり高いものだと、逆に相手が恐縮してしまいますので、小分けにされたパックでもかまいません。

ポイントは、**定番の特産品を選ぶこと**。東京に行ってきたなら「東京ばな奈」や「雷おこし」、京都なら「八ツ橋」、北海道なら「白い恋人」といったもので十分です。

あまり凝ったものだと好き嫌いが分かれますし、旅の話を雑談で出すのが目的なので、どこに行ってきたのかがわかりやすい「ザ・定番」のほうが使い勝手はいいでしょう。
さらにおみやげを一緒に食べながらだと、自然と会話も弾むはずです。

今日から始めるステップ

まずは定番のおみやげから手にしてみよう

6

旅先ではあえてガイドツアーを利用する

行き先に迷ったら、雑談で盛り上がりそうな行き先を選ぶ

話の引き出しが豊富な人は、旅行のしかたもひと味違います。

先ほど紹介したように、旅行をするときは、もちろんド定番の観光スポットをめぐるのもいいのですが、ガイドブックで大きく紹介されているコースをなぞるだけでは、「行ってきた」「キレイだった」といった会話しかできず、雑談もいまいち盛り上がりません。

そこから一歩踏み込んで、、限られた人しか知らない情報を聞いたり、一般の人がなかなかできない体験をしたりすると、自分だけの経験を得られますし、

雑談のネタとしても一級品となります。

そうした体験を気軽にできるのが、「**ガイドツアー**」です。

有名な観光スポットに行くと、現地のガイドさんが解説してくれるツアーがあります。ただ漠然と見学していてはわからない観光スポットをわかりやすく説明してくれたり、ガイドブックに載っていないようなマニアックな情報も教えてくれたりします。そうした情報があると、同じ観光スポットを見ていても、感じ方や見え方が違ってくるものです。

体験型のオプショナルツアーのようなものに参加するのも効果的です。

南の島であれば、スノーケリングやジャングル探検ツアーに参加して大自然に触れる。雪国であればクロスカントリースキー（スキーハイキング）の体験ツアーに参加して雪とたわむれる。焼き物が名産の観光地であれば、陶芸体験をしてみる。

実際に体験することで、新しい発見がありますし、思い出が記憶に深く刻まれます。そうした体験は、雑談でも臨場感をもって相手に伝えることができるはずです。人から伝え聞いた話ではなく、自分の言葉で語れるというのはやはり強いものです。

また、旅先で魅力的な体験をすると、好奇心が刺激されます。

たとえば、陶芸体験をして焼き物の奥深さの一端に触れたら、「もっと焼き物について知りたい」「他の産地の焼き物はどうなのだろう?」といった好奇心がムクムクとわき上がってきます。

それが会話の引き出しを増やすと同時に、引き出しの深さにもつながっていくのです。

まずいものこそネタになる

雑談の引き出しが多くて深い人は、好奇心のかたまりです。

旅先でも、「なぜ?」「どうして?」「これは何?」と、疑問がどんどんわいてきます。

たとえば、寺院の巨大な建物や仏像を見て、「これはどんな人が、どんな理由で、こんな巨大な建物や仏像をつくったのだろう？」と興味を持つ。郷土料理を食べて、「地元ではどんなときに食べられてきたのか？」「材料には何を使っているのか？」と疑問がわいてくる。そして、現地の案内人に尋ねたり、あとで書籍やインターネットで調べたりします。「わーっ、すごい」のひと言で済ませないのです。

また、**おもしろそうなことには、何でも首を突っ込んでみるのもお金持ちの特徴**です。たとえば、旅先で歩いていたら、偶然「日本一まずい店」という看板を見つけたとします。

「なんだそれ、まずいものなんかわざわざ食べたくない」とあきれて通り過ぎるのが普通かもしれませんが、お金持ちは「これはおもしろそうだ」と思えば、「本当にまずいか確かめてみよう」という発想になります。

食べてみると、意外とおいしいかもしれませんし、「マイナスをアピールするというマーケティング手法もありかもしれない」という気づきを得られるかもしれません。

もし本当にまずかったとしても、「日本一まずい店に入ったら、本当にまずかった」と雑談のネタにすることもできます。

お金持ちは「失敗をしてもすべてがネタになる」というマインドがあるから、仕事でもフットワークよく行動でき、成功を手に入れるのです。

今日から始めるステップ

ガイドブックを持たずに旅に出よう

7

気に入った本をくり返し読む

話題のベストセラーには目を通す

雑談の引き出しが多い人は、読書量も多いものです。私がこれまで出会ったお金持ちのなかには、月に10冊以上読んでいる読書家が少なくありません。

当たり前ですが、読書をすることで新しい知識や考え方を学ぶことができるため、雑談をするときにも相手との共通点が見つかりやすくなりますし、会話の内容も深くなっていきます。

では、どのような書籍を読めば良いのでしょうか。

雑談上手になりたいなら、まずはベストセラーになっている話題の書籍には目を通しておくべきです。最近で言えば、芥川賞を受賞し、大ベストセラーになった又吉直樹さんの『火花』（文藝春秋）があげられるでしょう。同じ書籍を読んだというだけで、一気に親近感がわいてくるものです。

たとえ相手が読んでいなくても、ベストセラーを読んだ感想を聞きたがる人は多いので、ネタバレしない範囲で伝えれば喜ばれます。

そのほか、「本屋大賞」「芥川賞」「直木賞」などを受賞した書籍は話題になります。ほかには、各書店でランキングに入っている書籍を読んでおくと、雑談のときに役立つはずです。

話題作を読む一方で、自分が興味のある分野の書籍を読み、知識を深めておくことも大切です。

たとえば、歴史に興味があるなら歴史をテーマにした書籍や解説書を、マーケティングに興味があるならマーケティングに関するビジネス書を読みます。「この分野なら、さまざまな角度から語れる」というジャンルがあると、雑談のときに自分にしかできないオリジナルのネタで話をすることができます。

雑談という観点から言えば、知識が偏りすぎるのはよくありません。話題の書籍から自分の専門分野まで、さまざまなジャンルの書籍を読むのが理想的です。そういう意味では、最低でも週に1～2冊は、本を読む習慣を身につけておきたいところです。

おもしろくないと感じた本は読まなくていい

効果的な読書をするためのコツを二つ紹介しましょう。

一つは、**相性の良くない書籍は思い切って読むのをやめること**。

たまに「一度読み始めた本は最初から最後までしっかり読む」という人がいますが、それはおすすめできません。

人間関係に相性の良し悪しがあるように、書籍にも相性があります。他人がおもしろいと思った書籍でも、自分はおもしろく感じないということはよくあります。ですので、先ほど紹介した大賞をとったような書籍も、自分に合わないと思えば、思い切って閉じる勇気も必要です。

書籍にもご縁があります。

雑談でしっくりこなかった人とはその後のご縁がないように、最初の第1章を読み進めても「読みづらい」「おもしろくない」「納得できない」「ストーリーに入っていけない」と思うようなら、ご縁がない可能性が高い。これまでの経験から言って、最初の段階で引き込まれない書籍は、最後までおもしろいとは感じないケースがほとんどです。

いくら話題作だからといっても、最初の段階で共感できないのであれば、読むのをやめてしまったほうが時間を有効活用できます。

もっと言えば、「おもしろくなかったので途中で読むのをやめた」という事実も、雑談のネタになります。「私もいまいちだと思いました！」という相手がいれば、価値観も似ているので、その人とはご縁が続くかもしれません。

お気に入りの本をくり返し読む

もう一つは、同じ書籍をくり返し読むこと。自分が感銘を受けたり、勉強になったりした書籍は、時間を空けて何度も読むことをおすすめします。

書いてある内容は同じであっても、自分が置かれている環境や立場、価値観の変化などによって、書籍から読み取れることが違ってきます。最初は気づかなかった著者の真意に触れるなどの新しい発見もあります。

読めば読むほど理解も深まるので、雑談の中で「お気に入りの本があって……」と、この書籍について触れるときもコメントに味が出てきます。

最初に感銘を受けた本は相性が良いので、何度読んでも得るものがあります。相性が良い人とご縁を深めれば深めるほど、得られるものが大きくなっていくのと同じですね。

くり返し読み返したい書籍がないという人は、まずはさまざまな分野の書籍を読むことから始めてください。

今日から始めるステップ

話題のベストセラーを読んでみよう

8

雑用を他人任せにしない

自分で体験するからネタが拾える

私は講演のために日本全国を飛び回っていることもあり、よくこんな質問を受けます。

「田口さんには、秘書がいるんですか？　スケジュール管理やチケットの手配をすべて自分でやるのは大変ですよね」

残念ながら（笑）、私に秘書はいません。スケジュール管理も、交通手段やホテルの手配もすべて自分でやっています。

しかし、自分で手配しているからこそわかることもあります。

たとえば最近、「外国人観光客が急増しているのが原因でホテルが予約できない。これまで５０００円で泊まれていたビジネスホテルも２万円、３万円払わないと予約できない」といったニュースをよく耳にします。

自分で出張時のホテルを予約している私から言わせてもらえば、たしかに予約しづらい日もありますが、常態化しているわけではありません。平日は「すんなりと予約できることがほとんど」です。

また、「北陸新幹線が開通してから金沢など北陸を訪れる人が増えている」というニュースもよく聞きます。

実際、自分で北陸新幹線の指定席を予約してみると、休日はもちろんのこと、平日も想像以上に席が取りづらいことがわかります。しかも、北陸新幹線には「グランクラス」といって、グリーン車より高級で「新幹線のファーストクラス」とも言われる指定席があるのですが、この席から埋まっていくほどの盛況ぶりです。こうした事実も、自分で席を手配しているからこそわかることです。

ここでお伝えしたいのは、**他人任せにせず、自分で体験してみると、雑談の**

ネタとなる情報を得られるということです。ビジネスホテルの不足や北陸新幹線といったホットな話題も、自分なりの視点で話すことができます。

実際、私が出会ったお金持ちの中にも、すべて人任せにせず、今でも飛行機の予約は自分で行っているという人も少なくありません。

飲み会の幹事を引き受ける

面倒だからといって、何でも他人任せにしていないでしょうか。

たとえば、飲み会の幹事は多くの人が避けたい役回りですが、幹事役を引き受けると、さまざまな情報が入ってきます。

適当なお店を探す過程では、近場の居酒屋やレストランをいろいろ調べるので、「こんな場所に、こんなおいしそうな店があったのか」といった発見があります。

また、参加者と連絡を取り合うなかで、相手の仕事や嗜好などの情報を知ることになり、飲み会での雑談も盛り上がりやすくなるかもしれません。

仕事でも「面倒だから」と避けずに、自分から手を挙げることも大切です。たとえば、新しいプロジェクトのメンバーに立候補してみるのも一つの手です。新しい仕事に携われば、これまでにない経験をできますし、新しい気づきや出会いもあるでしょう。

うまくいかないこともあるかもしれませんが、それらはすべて貴重な経験になります。あとで雑談のネタになることもあり、トラブルやミスも悪いものではありません。

自分で体験するからこそ、会話の引き出しは増えていき、オリジナリティーのある視点で語ることができるようになるのです。

今日から始めるステップ

今までやったことのない仕事に立候補してみよう

9 「食わず嫌い」に挑戦する

体験してはじめてわかることもある

先日、今さらではありますが、トム・クルーズ主演の映画『ミッション：インポッシブル』を初めて観ました。

これまではなんとなく自分の好きな映画とは違うと思って観てこなかったのですが、知人から「『ミッション：インポッシブル』を観たことないなんて信じられない。田口さん、人生損してる！」とまで言われて、ついに観ることにしたのです。

「こんなにおもしろかったのか！」と、ハマるのに時間はかかりませんでした。

翌日には、シリーズ全作品をＴＳＵＴＡＹＡでレンタルしていました。私は、「もっと早く見ておけばよかった」と、食わず嫌いを後悔することになったのです。

あなたにも、やったことがないのに避けている「食わず嫌い」があるのではないでしょうか。

たとえば、大手コンビニチェーンが始めた１００円コーヒー。なかには「コンビニのコーヒーなんておいしいはずがない。コーヒーはカフェで飲むものだ」と決めつけている人も、実際に飲んでみたら、「カフェのコーヒーと遜色ない」ということに気づくかもしれません。反対に、予想通り「それほどおいしくない」と確認できるかもしれません。

コンビニの１００円コーヒーが雑談の中で話題になったとき、「１００円コーヒーは飲んだことないですが、きっとおいしくありませんよ」と決めつけるよりも、「１００円コーヒーを飲んでみましたが、やはり私はカフェのコーヒーのほうがおいしく感じます」と言ったほうがスマートですよね。相手に与える印象も良くなります。

また、私の知り合いは、先日バンジージャンプに初挑戦したそうです。最初は「あんなの人間がやることではない」と思っていたそうですが、バンジージャンプを体験した友人が楽しそうに語るのを聞いて、チャレンジしてみる気になったそうです。

実際に体験してみると思いのほか楽しかったそうで、「今度はもっと高いところから飛んでみたい」と、すっかりバンジージャンプのとりこです。

食わず嫌いで、なんとなく避けていることがあれば思い切って飛び込んでみましょう。誰かが夢中になっているものは、何かしらの魅力があるはずです。

本でも映画でも趣味でも、まったく新しいジャンルのものに挑戦してみる。友人が夢中になっているものに便乗して、体験してみる。すると、もしかしたら新しい世界の扉を開いてくれるかもしれません。

仮に挑戦の結果、自分には合わなかったとしても、雑談の引き出しが増えるのは確実です。

流行っているものを毛嫌いしない

流行りものや行列を避けている人も多いと思います。しかし、**雑談の引き出しの多い人は、「流行しているものは一度体験してみる」というマインドを持っています**。

実際、雑談をしていると、流行りのものはよく話題にのぼります。「流行っているみたいですが、私は体験したいとは思いません」では、話題は広がっていきません。

ポップコーン、パンケーキ、ドーナツ……。都会に住んでいると、さまざまな行列に出くわします。私も行列に並ぶのは好きではありませんが、平日の昼間など比較的空いている時間を見計らって、商品やサービスを体験するようにしています。

実際に食べてみると、「これは評判通りおいしい！」と感動することもあれば、「並ぶほどのものではない」と思うこともあります。しかし、自分の舌で味わえば、行列ができる理由がわかりますし、雑談の中でもオリジナルの感想を伝えることができます。

人気店とは反対に、「なぜこの店はやっていけるのだろうか」と不思議に思うほど、お客が入っていないお店もありますよね。

会話の引き出しが豊富な人は、好奇心旺盛なので、そういうお店にも興味を持ちます。

たとえば、お客がほとんどいない洋品店に入ってみると、実は学校指定の制服や体操服の売上が支えていることがわかるかもしれません。店主の気まぐれで営業している蕎麦屋に入って話を聞いてみたら、実は不動産業で儲けているので、趣味で蕎麦を打っているという事実が判明するかもしれません。

こうして**自分の足で稼いだ情報は、多くの人が興味を持って聞いてくれます**。雑談のネタとして信憑性を増します。

今日から始めるステップ

友人が夢中になっていることを体験してみよう

Chapter

4

シーンごとに変える！お金持ちのアウトプットの仕方

1 「雑談の大部分は記憶に残らない」と割り切る

雑談のネタは自分が話していて楽しいものを！

本書では、雑談の中で共通点を見つけることの大切さをくり返しお伝えしてきました。共通点が見つかることで、雑談は盛り上がり、ご縁がつながっていきます。

だからと言って、「相手が関心のある話をしよう」と肩に力が入りすぎるのはよくありません。

「この話をしても、相手は興味を持たないかも……」

「この話題を振りたいけど、おもしろく話せるか自信がない……」

そんなことを心配しながら雑談をしていたら、口数が減ってしまいますし、何より、自分が楽しくありません。**雑談はお互いが楽しめなければ、結果的に盛り上がりません**。

雑談で話すネタは、自分が楽しく話せるものを選ぶのが正解です。

もちろん、自分の言いたいことだけ話して、相手の話を聞かないのは言語道断ですが、**相手がこちらの雑談に興味を持つかどうか、相手がどんなことを考えているかをあまり気にすることはありません**。

なぜなら、雑談で話した内容の大部分は、相手の記憶に残らないからです。

初対面で話した雑談の内容をすべて覚えておく必要はありません。

あなた自身もそうですよね。相手との共通点や意気投合した内容については覚えていても、たいして盛り上がらなかった雑談の内容は、すぐに記憶からなくなってしまうはずです。

いい意味で、相手はあなたの話を聞いていません。

ほとんどの雑談は右から左に聞き流されています。だから、結果的に「つまらない話」で終わってしまっても気にする必要はありません。**基本的に、雑談に「失敗」という概念はないのです。**

このように考えれば、「相手はこの話題に興味を持つだろうか」「悪い印象を残したらどうしよう」などと心配する必要はありません。

ジャブを打つようにネタを振る

大切なのは、相手の興味や反応を探りながら、**雑談のネタをいくつか振ってみること**です。

ボクシングでジャブ（相手との距離を測るためにくり返し放つ軽めのパンチ）を打つように、さまざまな角度から雑談ネタをくり出すのです。仕事の話がダメならニュースの話に話題を変える。ニュースの話もダメなら旅行の話に移行する。旅行の話も盛り上がらないなら、スポーツの話に……という具合です。

このようにくり返していると、いずれパンチがヒットすることがあります。そうしてはじめて、その雑談の内容を深めていくのです。

最初のパンチが運良くヒットすることもあれば、9回パンチをくり出しても9回すべてヒットしないこともあります。それでも、10回目のパンチが当たればいいと考えるのです。

その1回のパンチがお互いの記憶に残り、ご縁がつながっていきます。たとえジャブがヒットしなかったとしても、気にすることはありません。今回はご縁がなかっただけだと考え、次に会う人のために雑談の振り方を考えましょう。

今日から始めるステップ

雑談に失敗はなし！　積極的に雑談のネタを振ろう

2 引き出しの中にあるネタで勝負する

相手の話に無理やり合わせない

雑談が上手な人は、相手との共通点を探ることはしても、相手に無理やり合わせることはしません。あくまでも自分の引き出しの中にあるネタで雑談を展開していきます。

なぜなら、**無理やり相手の興味・関心に話を合わせても、自分に興味や関心がなければ、消化不良で終わってしまうからです。**

たとえば、相手が競馬に興味があるけれど、自分は競馬の知識も関心もほとんどない場合は、次のような会話になります。

相手「今週末は有馬記念ですね」
自分「そうですね。競馬がお好きなんですか？」
相手「月に1～2回は競馬場に行っていますね。〇〇さんはどうですか？」
自分「私はあまりやったことがないんですが、有馬記念はどの馬が勝ちそうですか？」
相手「私の予想は……」

このように会話はとりあえず続くかもしれませんが、競馬に詳しい相手が一方的に話すことになり、あなたはほとんど口を挟めないでしょう。相手は好きな競馬の話ができて楽しいかもしれませんが、お互いの距離が縮まる可能性は低いでしょう。頃合いを見て話題を変えるのが無難です。

「週末は競馬のほかにどんなことをされているんですか？」
「私は競馬はやらないのですが、宝くじはよく買いますよ」
このように話題を変えて、自分の引き出しの中にある共通点を探す努力をするほうが、ご縁がつながる可能性があります。

この場合、共通点になりそうな話題は「週末の過ごし方」や「ギャンブル」になりますので、自分の中にあるネタでパンチをくり出すわけです。


会話術の書籍にはよく「相手の話に合わせて、まずは受け入れることが大事」といったことが書かれています。

しかし、知らないことまで「それはいいですね」と受け入れていたら、ボタンのかけ違いが起きる危険性があります。何よりも自分自身が楽しくありませんよね。

もし自分の引き出しの中にないネタが話題になったときは、率直に「それは何ですか？」「それは、どういうことですか？」と質問をする。そのうえで、話題を変えるようにします。

こちらに知識がないとわかれば、相手も強引に話を引っ張らずに、適当なところで別の話題に変えてくれるでしょう。

TPOに合わせた雑談をする

「自分の引き出しの中にあるネタを中心に話す」と言っても、「私は、私は」と無理やり我田引水するような会話をしたら、相手に嫌がられてしまいます。あくまでも雑談は相手との共通点を見つけることが大切です。

雑談が上手な人が心がけているのは、相手の興味や関心に合わせて、自分の引き出しを開けることです。

20代の女性と60代の男性とでは、興味や関心が異なります。若者に流行のファッションの話は20代の女性には通用しても、60代の男性にはちんぷんかんぷんでしょう。

だからこそ、TPO〈時〈time〉、所〈place〉、場合〈occasion〉〉を考慮しながら、相手の興味や関心に合うような話をする必要があります。

相手が入社したばかりの新入社員なら、学生時代の経験などを話題にしてみる。マネジメントに関するセミナーの場であれば、部下や会社のことをネタにしてみる。相手が金融関係の仕事をしているなら、株式や為替など最近の経済動向の話を振ってみる。
そうやって探り探り雑談をしていくうちに、相手の関心や興味が徐々に見えてきます。そうなれば、自分の引き出しの中身と相談しながら雑談を進めていくことができるのです。

今日から始めるステップ

相手の話に合わせすぎないようにしよう

3

「そうですね」の連呼は危険サイン

相手がアウトプットしやすいポイントをつくる

Ｃｈａｐｔｅｒ１でもお伝えしましたが、雑談は「自己開示」と「相手への関心」のバランスが大切です。

コミュニケーションをテーマにした書籍には「相手の話を聞くことが大事」とよく書かれていますが、全体の３割くらいは自分のことをオープンにしなければ、相手との距離は縮まりません。

しかし、「自分のことを知ってもらいたい」という気持ちが強すぎてアウトプット過多になってしまう人もいます。自分のことばかりを一方的に話されると、聞くほうはどっと疲れます。あなたも経験があるかもしれませんね。**相手に「早く話が終わらないかな」と思われたら、それ以上ご縁をつなげるのは難しくなってしまいます。**

自己開示をするときは、一方的に話しすぎないように注意してください。**相手が「そうですね〜」と、同じ相づちを連呼しはじめたら危険サイン。**「話を早く終えてほしい」という感情から、相づちのペースを速めている状態です。

「はい、はい、はい」「ええ、ええ、ええ」「なるほど、なるほど」といった相づちの連呼も同じく危険な兆候です。

そうした状態を防ぐコツは、**「チェックポイント」をつくること**です。マラソンでも給水ポイントがなければ、42・195キロを走り切ることができないように、長時間、話を聞き続けるのは大変な苦痛です。

自己開示をしたら、キリのいいところで「○○さんはどうですか?」と相手に話を振ってあげる。すると、相手も話すタイミングをつかむことができます。

自分「……というように、私は20年間、マーケティングの仕事に従事してきました。○○さんは、どんな仕事をされてきたんですか？」
相手「私も入社当社は、マーケティング部に所属していて……」

相手が聞き疲れないようにアウトプットをコントロールする。これも雑談上手に欠かせない技の一つです。

今日から始めるステップ

相手が聞き疲れないよう配慮しよう

4

オリジナルの肩書きを持つ

自分をひと言で表現する

「リピート率95％の人気サロン経営者」
「日本一裁判をしない弁護士」
「肉ダイエット講師」

初対面の相手の名刺にこんな肩書きがついていたり、自己紹介でこんな肩書きを聞いたりしたら、思わずこう聞いてみたくなりませんか。

「リピート率95％の秘訣は何ですか？」
「弁護士なのに裁判をしないって、なぜですか？」
「肉を食べながらダイエットなんてできるんですか？」

名刺のところでも少し触れましたが、このように思わず突っ込みたくなるようなキャッチフレーズがあると、相手に興味を持ってもらえる可能性が高くなります。同時に、自分のビジネスの特徴を端的に表現しているので、相手のニーズと合えばご縁がご円（お金）につながるかもしれません。

ネタのアウトプットが巧みな人は、相手が気になるようなキャッチフレーズをつくり、さりげなくアピールしています。

名刺に肩書きとして入れるのはもちろん、自己紹介のときに、「○○○○の山田太郎です」と名乗ります。

私は「講演家」という肩書きを名刺に入れているという話をしました。「講演家」と言うと、普通の言葉に感じるかもしれませんが、意外と「講演家」と名乗っている人は多くないので、名刺を見て、「講演家って、どんなお話をされるんですか?」などと興味を持ってくれる人が少なくないのです。

思わず突っ込みたくなるキーワードをつくる

キャッチフレーズをつくるときのポイントは、**1行でコンパクトに自分の仕事の特徴を表現すること**です。

あまり長すぎるとインパクトがなくなり、相手にスルーされてしまいます。言葉で自己紹介をするときも、文字数が多いと言いにくいので、使い勝手が悪くなります。**15字以内くらいが目安です**。

キャッチフレーズがあっても、相手の反応が薄く、雑談のネタにならないという場合、そのフレーズはインパクトに欠けている可能性があります。エッジが立つようなキーワードを探しましょう。

たとえば、「料理研究家」といった大きな括《くく》りよりも、「スペイン料理研究家」「1年365日カレーを食べるカレー専門家」と絞ったほうがインパクトは強くなり、スペイン料理やカレーが好きな人は間違いなく興味を持ってくれます。

また「リピート率95％」というふうに数字が入るとインパクトがありますし、「日本一裁判をしない弁護士」のように意外性のあるキャッチフレーズだと、相手の食いつきがよくなり、覚えてもらいやすいでしょう。

今日から始めるステップ

自分のキャッチフレーズを考えよう

なかには、「自分にはキャッチフレーズを打ち出せるような個性がない」とあきらめている人もいるかもしれません。

そういう人は、友人に「私のことをひと言で表現すると何だと思う？」と聞いてみることをおすすめします。自分では当たり前だと思っていたことも、第三者から見れば立派な個性だったりするものです。

5

「これぞ」というネタこそ何度も話す

鉄板ネタこそくり返し話す

雑談が上手な人は、老若男女問わずに多くの人に受け入れられる「鉄板ネタ」をいくつか持っています。そんなネタがあると、スムーズに雑談が進み、心の距離が縮まる確率も高まります。

私の場合で言えば、110ページで披露した「神社の鈴」も鉄板ネタの一つです。日本人にとって神社は身近な存在なので受け入れられやすいということもありますし、話にストーリー性があるので飽きずに聞いてもらえます。

しかし、こうした鉄板ネタも一朝一夕でできあがるわけではありません。何度も何度もいろいろな人に話し、磨かれることによってはじめて、多くの人に楽しんでもらえる「鉄板ネタ」になるのです。

4回くり返された煮干しの話

以前、知り合いのAさんと、数ヶ月のうちに4度、一緒に食事を囲む機会がありました。2人きりではなく、それぞれ違うメンバーでの食事会です。このとき、Aさんは同じ雑談ネタを毎回、参加メンバーに披露していました。

要約すると、「煮干しを食べ始めてから体重が減った。煮干しはダイエット効果がある」という話なのですが、回を重ねるごとに少しずつ伝え方が変わっていきました。

最初は「ある先生から煮干しが健康に良いとすすめられたのがきっかけで、毎日煮干しを食べるようになったのですが……」と、時系列で話を始めていました。

ところが、4回目になると、このように話のスタートが変化していました。

「みなさん、私の体重は何キロに見えますか？　今60キロなんですが、半年前はなんと75キロだったんです。どんなダイエットをしたと思いますか？　特別な運動も食事制限もしていません。実は、毎日煮干しを食べるだけ。たったそれだけで15キロも痩せたんです！」

ビフォーアフターを巧みに表現しているので、煮干しのダイエット効果がどれだけすごいかが伝わってきますよね。「本当にそうなの？」「どうして煮干しがダイエットに効くの？」といった疑問もわいてきて、話の先が聞きたくなります。実際、1回目よりも4回目の食事会のほうが、参加メンバーは前のめりでAさんの話を聞いていました。

Aさんは、何度も何度も、さまざまなシーンで煮干しのネタを話してみたのでしょう。その反応を見ながら、アウトプットの仕方に磨きをかけていったのだと想像できます。

このように、「これぞ！」というネタは、出し惜しみをせず、いろいろなシーンで話してみることが大切です。実際に聞き手の反応を見ると、「もっとこうしたほうが伝わりやすい」ということがわかってきます。

雑談にも「旬」がある

もう一つ大事なのは、**仕入れた雑談ネタは寝かせずに、できるだけ早く話すということ**です。

魚や野菜と一緒で、**雑談ネタにも旬があります**。しばらく前の出来事だと臨場感を持って話せません。最悪の場合、自分の記憶からもなくなってお蔵入りになってしまうこともあります。

旬なうちに何度も話すことで、ネタはピカピカに磨かれていきます。味噌と違って雑談ネタは、寝かせておいても熟成することはありません。

何度もくり返し同じネタを話していくと、雑談の相手やシチュエーションに合わせて、チューニングすることもできるようになります。

たとえば、私の「神社の鈴」の話は、相手が経営者などビジネスに関心の高い人の場合、鈴をいくつもお客に買わせてしまう神社の商売上手なところに焦点を当てて話します。そこから他のビジネスの話題へと話のレベルが深まっていくこともよくあります。

雑談の相手が若い女性の場合であれば、パワースポットとしての神社にフォーカスして、神社のご利益や鈴の御守りの効果について重点的に話します。「鈴の御守りに1万円以上も使ってしまったけど、プレゼントした知人は就職が決まって、早速ご利益があったみたいですよ」というオチにもっていきます。

飲み会の席で楽しさが優先する席であれば、「神社の鈴」の話は、笑える失敗談になるよう、おもしろおかしく話します。自分の失敗談であれば、誰も傷つきません。

こうしたチューニングは、一度話しただけではできません。何度も何度もさまざまな相手やシチュエーションでくり返し話すことで、応用がきくようになるのです。

盛りすぎには要注意

注意したいのは、何度も同じネタをくり返していくうちに、話を盛りすぎてしまうことです。少しくらい大げさに話したほうがウケはよくなるかもしれませんが、やりすぎると相手に違和感を与えてしまいます。

先の煮干しのダイエットの話では、「75キロが60キロになった」という話でしたが、「90キロが60キロになった」ほうがインパクトがあるので、話すたびにどんどん話が大きくなってしまう傾向があります。

しかし、**過剰な盛り方は、相手に不信感を与えてしまいます。**「本当だろうか？」「おおげさに言っていないだろうか？」という感情が芽生えた時点で、人は、相手の言葉を疑ってかかるようになります。「話を盛っている」というのは、意外と相手に見抜かれるものです。リップサービスが過ぎる人は要注意です。

話を盛らなくても、魅力的な事実なら、相手の関心を引きつけることができます。**「事実」は変えず、「伝え方」を変えるのが雑談上手への近道です。**

今日から始めるステップ

「これぞ」というネタは伝え方を変えてどんどん話そう

6 雑談専用ノートを1冊用意する

具体的なほど雑談は盛り上がる

雑談は「引き出し」がたくさんあったほうが、共通点が見つかって盛り上がりやすくなるとお伝えしました。

しかし、いくら「引き出し」が広範囲にわたっていたとしても、ある程度の「深さ」がなければ、雑談は盛り上がりを見せません。

たとえば「温泉が好き」という共通点が見つかったとします。

しかし、「どこの温泉が好きですか？」と聞かれて、「特にこれといってはないのですが、どこの温泉も気持ちいいですよね」と、あいまいな答えしかできなかったらどうでしょう。「この人は、本当に温泉が好きなのだろうか」と相手に不信感を与えてしまい、それ以上話は広がりません。

自分「特に群馬の草津温泉が好きです」
相手「なぜ草津なんですか？」
自分「私は泉質にこだわりがありまして。酸性のお湯が肌に刺激的で、硫黄の匂いも濃厚なんです。草津の湯は格別です」

こうして、どこの温泉が特に好きかを具体的に述べることで、相手が「なぜ好きなんですか？」と質問して会話が掘り下げられていきます。

また、話が具体的であればあるほど相手は共通点を見つけやすくなり、「泉質自慢の温泉と言えば、私は大分の別府温泉が好きです。別府温泉がすごいのは……」というように、さらに深掘りされていきます。

自分の好きなものなどを自己開示するときは、「特に○○が好き」というところまで掘り下げる必要があるのです。

雑談ノートをつける

しかし、テーマによっては「特に○○が好き」というところまでとっさに思いつかないジャンルもあります。「何となく好きだけど、具体的な名前が出てこない」という経験をした人は少なくないでしょう。

人の記憶はあいまいなので、過去に「これは好きだなあ」と感じる体験をしても、すぐに引き出すことはできません。

そういう人にぜひおすすめしたいのは、**ノートに書き出してみることです。**「雑談ノート」を1冊用意するといいでしょう。100円ショップで売っているノートでOKです。

頭の中では漠然としていても、書き出すために記憶をたどっていくと「○○」の部分が明確になっていきます。

たとえば、次のようなお題で記憶をたどり、ノートに書き出していきます。

「これまで読んだ本の中で、特に好きなのは何か？」

「これまで観た映画の中で、特に好きなのはどれか？」
「これまで食べたレストランの中で、特においしかったのはどこか？」

このように雑談の話題にのぼりそうなテーマについて整理し、書き出しておくと、とっさの場面でも答えられるようになります。

雑談は「鮮度」も大切なので、次のように「ここ1年間で」などと期間を限定して、書き出してもいいでしょう。時間を区切ると、記憶をたどりやすいという効果もあります。

- ここ1年間で、特におもしろかった本は何か？
- ここ1年間で、特にワクワクした映画は何か？
- ここ1年間で、特においしかったレストランはどこか？
- ここ1年間で、特に思い出に残る旅行先はどこか？
- ここ1年間で、特に楽しかったスポーツは何か？
- ここ1年間で、特にびっくりしたことは何か？

・ここ1年間で、特にうれしかったことは何か？
・ここ1年間で、特にワクワクしたことは何か？
・ここ1年間で、特に感動したことは何か？

こうして思いつく限り自問自答をして、「雑談ノート」に書き出していくと、自分の頭の中が整理されてスッキリしていきます。

また、**「特に○○が好き」を書き出すときは、「理由」も付け加えておけば完璧です**。雑談の中では好きな「理由」を尋ねられるケースが多いからです。「何となく……」だと信憑性がなく、会話もトーンダウンしてしまいます。

ですから、好きになった「理由」や「きっかけ」も合わせてメモをしておくといいでしょう。

雑談ノートは携帯できるものを

「雑談ノート」には、「特に○○が好き」だけでなく、雑談に使えそうなエピソードなどを書き留めておくことも有効です。

実際に文章にすると記憶に残りやすいだけでなく、頭の中が整理されるので「このネタは、こんな人に、こんな場面で、こんな感じで伝えたらよさそうだ」といったシミュレーションにもなります。書くことによって、ネタがどんどん熟成されていくイメージです。

なお、雑談ノートは携帯しやすいサイズが理想です。

なぜなら、日常の出来事は、すぐに書き留めておかないと、忘れてしまうからです。「これは雑談ネタになりそうだ」と思ったときに、すぐに取り出せることが大切になります。また、携帯しやすいと、移動中などのすき間時間に見返すことができて便利です。

普段使っている手帳の一部を雑談ノートとして活用するのも一手です。

今日から始めるステップ

ノートを1冊買って雑談ネタをメモしよう

7

相手が好きなことをメモしておく

雑談を再現すると距離が縮まる

初対面で共通点が見つかり、雑談が盛り上がると、次回その人と会うときに前回の好印象がお互いに残っているものです。ですから、その相手と再会するときには、**前回盛り上がった雑談の内容や共通点を踏まえて会話することが大事です**。

「お子さんがサッカーされているんですよね。○○君のサッカー試合はどうでしたか？」

「前回は猫の話で盛り上がりましたね。この間、うちの猫がおかしなポーズをしているところを動画で撮ったんですが、見てもらえますか？」

このように前回の雑談を踏まえると、お互いに楽しく話した記憶がよみがえり、距離が縮まった状態から会話をスタートさせることができます。

相手の関心事を行動で表す

最初の雑談で相手の関心事を知ることができれば、それに合わせたアクションを取ることも有効です。

たとえば、初対面で相手が「お菓子好き」とわかったとします。そこで次に会うときに、その人が好きそうなお菓子を差し入れる。「イタリアンが好き」ということがわかっていれば、次回はイタリアンのお店で待ち合わせをする。

自分の関心事や好きなものを覚えてもらえていた――というのは誰でもうれしいものです。相手に対する印象も良くなるでしょう。

差し入れをしたり、お店を予約したりしなくても、**相手の興味や関心を覚えていることが伝われば十分です**。前回、相手が「チョコレートに興味がある」と言っていたなら、再会するまでに最近人気のチョコレート店を調べて、「こんなお店が評判みたいですね」と話題を提供してあげる。

それだけでも、相手は「覚えていてくれたんだ」と感激してくれるはずです。インターネットで検索をするくらいなら数分で済みますよね。

ご縁をつなげるお金持ちの中には、初対面の相手の特徴や興味、関心などを手帳などにメモしている人もいます。

なかには、「失礼ですが……」と断ったうえで、もらった名刺の裏に相手と話した内容をメモしていたお金持ちもいました。

今は名刺アプリにメモできる機能がついているものもあります。記憶力に自信のない人は、そういった機能を活用するのもいいでしょう。

今日から始めるステップ

相手の興味・関心はメモしよう

8

「○月×日に会いましたね」と伝える

出会いを振り返ると楽しい記憶がよみがえる

最初の出会いから、次回会うまでに数ヶ月や一年など期間が空いてしまう場合、最初に雑談で話した内容や印象の記憶はだいぶ薄れています。

そのため、初対面に近い関係に逆戻りしてしまい、また一から関係を築かなければいけません。

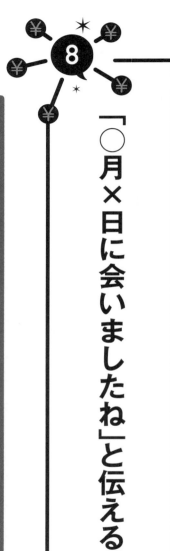

ですが不思議なことに、お金持ちの人ほど、以前会ったときに話した内容をよく覚えているものです。

久しぶりの人と会うとき、私は事前に手帳を見返すことにしています。そして相手と再会したら、こう伝えます。

「○○さんとは、昨年10月3日に開催された名古屋の講演会ではじめてお会いしたんですよね。あの日は、ずいぶんと懇親会が盛り上がって、新幹線に乗り遅れそうになりました」

このように相手と会った日のことを振り返り、覚えている限りのエピソードを話します。

「新幹線に乗り遅れそうになるほど、懇親会が盛り上がった」という話を聞けば、相手も当時の楽しい記憶がよみがえってきます。そうなると、久しぶりの再会であっても、一気に心の距離が縮まり、もう一度関係を再構築する手間が省けます。

もし前回会ったときに盛り上がった雑談の内容を覚えていれば、それを振り返ってもいいでしょう。「たしか○○さんは、ダイエットをかねてキックボクシングをされていたんですよね。ダイエットの効果はいかがですか？」などと話を振れば、相手も当時の記憶が鮮明によみがえってくるはずです。
この方法は、すでに何度か会っていてご縁が続いている相手にも有効です。ご縁がつながってから何年か経ったときに、過去の手帳を確認し、その人との出会いを改めて振り返ります。

「○○さんとは、2013年5月に××さんの紹介でお会いしたのが最初でした。あのときは、お互いに独立・起業して間もなくて、仕事が軌道に乗る前でしたよね」

出会いの描写が具体的であればあるほど、「私との出会いを覚えていてくれたんだ！」と相手が感動してくれるはずです。何年も前の出会いだと、案外、相手はどこで、どんなふうに出会ったか忘れているものです。
私も講演会の参加者から「田口さんの○月×日の新宿での講演会を聞きに行きました。お金は消費と浪費と投資に分けて考えるというお話は参考になりました」などと言われることがありますが、素直にうれしく感じます。

出会いを振り返るのは、ここぞというタイミングで使えます。

たとえば、ご縁が続いているけれど、これから本格的に一緒にビジネスをしていきたい、といったときに出会いを振り返れば、それまでの付き合いを思い出しながら、お互いの絆がグッと強くなる感覚になります。

フェイスブックは「振り返り」の強力なツール

また、手帳は過去のご縁を振り返るために欠かせないツールです。

グーグルカレンダーなどのオンラインカレンダーを愛用している人であれば、検索機能がついているので、相手との初対面の日付を簡単に確認できます。

「日付は確認できても、雑談の内容や当時のエピソードまでは覚えていない」という人もいるかもしれません。

その場合は、フェイスブックに、前回会ったときの状況がわかる投稿が残っていたりするものです。

たとえば、セミナー後の懇親会ではじめて会った相手であれば、参加者の誰かが写真付きで記事をアップしていることが多いはずです。それを見れば、当日のエピソードを思い出すかもしれません。

次回会う人の顔をはっきりと覚えていない場合でも、写真を見れば会話の記憶も少しはよみがえるかもしれません。

また、懇親会後に、その相手とフェイスブック上でメッセージをやりとりしていれば、その人のマイページから簡単に近況を予習することもできます。それも雑談のネタになるでしょう（メッセージをやりとりしていなくても、検索機能でマイページを見ることも可能です）。

フェイスブックは、インターネット上のコミュニケーションツールですが、リアルの世界で活用してはじめて本当の価値が生まれるのではないでしょうか。

今日から始めるステップ

相手との出会いをフェイスブックで振り返ろう

Chapter

5

ここが違う！お金持ちの話の聞き方

1 お金持ちは「自然体」で話しかけやすいオーラを発する

不自然な人には人もお金も寄りつかない

「会話上手は聞き上手」とよく言われますが、お金持ちも聞き上手です。雑談が上手なお金持ちは、自己開示をする一方で、相手の話に興味を持って耳を傾けます。

だから聞き上手な人のまわりには、人とお金が集まります。聞き上手は、お金持ちに欠かせない共通点の一つなのです。

そんな聞き上手のお金持ちには、ある特徴があります。

それは、**いつでもどこでも自然体である**、ということです。

自分を身の丈よりも大きく見せることもなければ、自分を卑下したり、人に媚びたりするようなこともありません。無理をすれば、いずれ行き詰まり破綻するのがオチだと理解しているのです。

だから、お金持ちは人前でも自然体で振る舞っています。自然体の人には話しかけやすいので、懇親会やパーティーなどの場でも、お金持ちのまわりにはいつのまにか人の輪ができあがります。

こんな人はもっと警戒される

自然体でない人のまわりには、あまり人が寄りつきません。


たとえば、ガチガチに緊張している人。

オドオドしていて落ち着きがなかったり、暗かったり、妙に自信がなさげにしていたりすると、声をかけづらいものです。話しかけるほうも気を遣って緊張してしまいます。そんな状態では会話が弾む気がしませんよね。

自分を大きく見せようとしている人も敬遠されます。「自分はこんなにすごいぞ」という態度なので、相手の話を聞かずに、一方的に自分の話をしがちです。さらに話も大きく盛る傾向があります。ひどい場合は、相手を見下すような言動をする人もいます。

借金を抱えているにもかかわらず、後輩にお酒や食事をおごるなど、大盤振る舞いをしていたかつての私も、まさにこのタイプでした。経験者だからわかりますが、このような人に対してまわりの人は違和感を覚えるので、潮が引くように離れていきます。

やたらと相手をヨイショしたり、下手に出たりする人も警戒されます。

太鼓持ちや宴会部長のようなキャラクターができあがっていれば、逆にまわりから愛されますが、実際には「商品・サービスを売ろう」「この人と仲良くするといいことがあるかも」といった下心があるケースがほとんどなので、まともな人は距離を置こうとします。

お金持ちは「話しかけやすいオーラ」を発している

では、どうすれば自然体でいられるでしょうか。

ポイントは、「**全員と仲良くしなくてもいい**」と割り切ることです。

すべての人に良く思われたいという気持ちがあると、不自然な態度をとってしまいます。

「雑談をしてみて相性が良い人がいればいいなあ」というくらいのスタンスで振る舞っていると、表情も自然になり、「話しかけやすいオーラ」を発するようになります。

交流会やパーティーなど初対面の人が多い場面では、自然体でいることを心がけることが大切です。**自然体でいると、自分から話しかけなくても、まわりの人と自然と目が合い、話しかけてもらえるようになります。**

今日から始めるステップ

無理して人と付き合うのはやめよう

2 初対面でも答えやすいとっておきの質問

話すのが苦手なら相手に話してもらう

プレゼンやスピーチをするうえでは、話すのが得意であるに越したことはありませんが、雑談においては話し上手である必要はありません。

立て板に水のごとく話すテクニックや芸人のように笑いをとるセンスがなくても、雑談上手の人はご縁をつないでいきます。

話すことに苦手意識を持っている人は安心してください。雑談は相手の話を聞いたほうが盛り上がります。もちろん最低限自分の話をすることは必要ですが、会話が得意でない人は、相手に楽しく話をしてもらうことによって、共通点を見つけることができるのです。

では、相手に話してもらうには、どんなことを聞けば良いでしょうか。

最も汎用性が高いのは、この質問です。

「お休みのときは、何をされていることが多いですか？」

これは、どんな人にとっても答えやすい質問です。

「好きな本は何ですか？」などと決め打ちした質問の場合、本を読んでいることが前提なので、相手から「あまり本は読みません……」と言われてしまうと、気まずい雰囲気になります。

しかし、「お休みのときに何をしているか？」という質問は、相手が最近関心のあること、好きなことが答えになるので必ず答えが返ってきます。しかも、相手にとって守備範囲内の雑談ネタとなるので、相手は楽しく話ができます。

自分「自由な時間は、何をされていることが多いですか？」

相手「行ったことがない街をぶらぶらすることが多いですね」
自分「最近はどんなところに？」
相手「下町の根津や谷中あたりです。実は、最近カメラを買って趣味で風景写真を撮るようになったんです。あのあたりは街の雰囲気が好きで」
自分「そうなんですか、実は私も写真を撮るのが好きです！　といってもスマホのカメラ専門ですけど……」
相手「最近のスマホカメラは本当に機能がすごいですよね。特に……」

このように相手の関心事を中心に話をしていけば、スムーズに話が転がっていき、共通点も見つかりやすくなります。この質問は、特に相手が初対面で、何に関心があるかわからない見当がつかないケースで有効です。

今日から始めるステップ

まずは相手の話を聞くことに徹しよう

3 「それいいですね！」のひと言が相手を話したい気持ちにさせる

相づちが話し手の心のスイッチを押す

相づちは、会話をするうえで守るべきマナーの一つです。**「話を聞いていま す」という大切なメッセージになります**。

相づちがないと、話している人は「本当に聞いているのかな」「この話、つまらないのかな」と不安になっていきます。心の距離は縮まらないどころか、逆に離れていってしまいます。

試しに2人1組で、こんな実験をしてみてください。

1人が3分間話し、もう1人はその間、相手の目を見ながらまったく動かずに話を聞き続けます。

このように相づちがない状態だと、話し手はとても話しづらく感じます。3分もたずに心が折れて、話をやめてしまう人もいるでしょう。

だからこそ、雑談において相づちは大切です。


「うん、うん」「はい、はい」

「そうですね」「なるほど」

「へぇ～」「はぁ」


相づちとしてよく使うのは、このあたりかもしれませんね。これらを使い分けるだけでも、相手は話しやすく感じますが、聞き上手な人は次のように、異なるバリエーションの相づちも交えています。


「すごいですね」

「それいいですね」

相づちは、フェイスブックの「いいね！」ボタンを押すのに近い感覚です。話がおもしろかったり、エピソードに感心したりしたら、すかさず「すごいですね」「それいいですね」と相づちを打ちます。

これらは、相手への共感を示す言葉なので、お互いの「共通点」になりえます。そうだとわかれば、話し手も「もっと話したい」という気持ちになり、語る言葉にも熱が入るでしょう。

相手が気分よく話せるかどうかは、聞き手の相づちに大きく左右されるのです。

今日から始めるステップ

普段している相づちのバリエーションを確認しよう

4

「それやってみたい」が次のご縁につながる

一気に距離を縮めるひと言

「すごいですね」「それいいですね」よりも強い共感を示す相づちが、「**やってみたい**」です。

たとえば、話し手がおすすめのカフェの話をしたときに、身を乗り出して「私も行ってみたいです」と相づちを打つ。「セグウェイに乗ってみた」という話を聞いたら、「私もやってみたいです」と言う。

「やってみたい」という言葉は、「あなたとのご縁をつなげたい」というメッセージとも言えるので、急速に距離が縮まる可能性があります。

後日、本当にそのカフェに行ったり、セグウェイを体験したりすれば、教えてくれた相手に報告するのを機に、関係を深めることもできるでしょう。話し手にとって、自分が教えたものを評価してもらえるのはうれしいものです。

「やってみたい」よりもっと強烈な相づちは、「**一緒にやってみたい**」です。「一緒にそのカフェに行ってみたいです」と言うことは、「あなたと再会したい」という意味に等しいので、相手との距離をグッと詰めることができます。

ただし、「やってみたい」「一緒にやってみたい」という言葉を安易に使うのは禁物です。まだほとんど接点がない人に、「一緒に行きたい」と言えば、相手に引かれる恐れがあります。

また、「一緒にやってみたい」を多用していると、「それなら一緒にやりましょう」と相手に言われて、スケジュールがどんどん埋まっていきます。軽い気持ちで連発すると、自分の首を絞めることになってしまいます。

「やってみたい」「一緒にやってみたい」という相づちは、心から「やってみたい」と思ったときにだけ使うのが原則です。

思ってもいないのに「相手が喜ぶから」とか「話を盛り上げるために調子を合わせよう」といった気持ちから口に出すと、後で自分が困ることになりますし、相手にも「調子のいい人だ」という悪い印象を与える恐れもあります。

特に「一緒にやってみたい」は〝劇薬〟なので、**「この人と絶対に縁をつなげたい」といったケースに限定したほうが無難です。**

「やってみたい」は素直な心で

先日こんな体験をしました。

ある日、知人のフェイスブックを見ていて「笑い文字」の存在を知りました。

笑い文字とは、「感謝や喜びの瞬間を文字にしたもの」で、人の笑顔のイラストと文字を書いて、相手に感謝や愛の気持ちを伝えるというものです。

見た目がかわいらしくて気持ちが和みますし、心に残るメッセージを伝えるツールとしても効果的だと感じていました。

そんなとき、ある講演会でその「笑い文字」の話をしたら、終了後に参加者の一人がその場で笑い文字を書いて、私にプレゼントしてくれました。

実は、その人は「笑い文字普及協会」で講師をやっている方で、たまたま私の講演会に参加してくれていたのです。

私はその笑い文字を見て、反射的に「私も書いてみたいです！」と言っていました。

心から「やってみたい」と思ったからこそ、間髪を入れずにその言葉を発したのだと思います。そこからはトントン拍子で話が進み、実際に笑い文字の書き方を教えていただくことになり、貴重な体験となりました。

相づちを打つときは、自分の気持ちに素直になることが大切です。心から「やってみたい」という気持ちが、最終的に良いご縁をもたらしてくれます。

今日から始めるステップ

心から思ったときこそ「やってみたい」と言おう

5

「何かおもしろいことはないか」と思いながら聞く

相手の話を奪ってはいけない

雑談の目的の一つは、「相手と共通点を見つけて相性を見極めること」だとくり返しお伝えしてきました。雑談上手は、いろいろと話題を変えながら、相手との共感ポイントを探っていきます。

しかし、勘違いしてほしくないことがあります。

「この雑談ネタは共通点がない」と早々に判断して、相手の話の腰を折ってしまうことです。

たとえば、相手がラグビーの話題を振ってきたとします。しかし、自分はラグビーには関心も知識もない。その場合、次のような会話になってしまうことがあります。

相手「最近、ラグビーブームですよね。私は学生時代にラグビーをしていたのですが、昔と比べて今の人気ぶりにはびっくりしています」
自分「そうですか。ラグビーはよくわからないんですが、私は学生時代に野球をしていました。○○さんは、野球をやられたことはありますか？」

このように相手のネタをとっとと切り上げて、自分の興味・関心のあるネタにすり替えてしまう人は少なくありません。
話を奪われたほうは「ラグビーの話をしたかったのに……」と残念に思い、スーッと心が離れていきます。おそらくこのまま雑談を続けても、心の距離は縮まらないでしょう。

雑談が盛り上がるかどうかは、話を聞いている人の〝聞き方〟に大きく左右されます。同じ話をしても、聞き上手が相手だと大いに盛り上がり、反対に聞くのが下手な人が相手だと、右から左へと流されてしまいます。

だからこそ、多くの人は聞き上手の人と話したがり、話を奪ってしまうような聞き下手な人からは距離をとろうとします。

自分の「畑」だけ耕していても稼げない

人はなかなか、自分の「畑」からは出たがらない生き物です。

自分の畑なら、どんな作物が収穫できるか、どうすればたくさんの野菜がとれるかを知っているので、あえてそこから外へは出たがらないのです。あわよくば、誰かに自分の畑を耕してほしいと思っている節さえあります。

仮に隣の家の畑で、自分が知らない作物を育てていても、食べることさえせずに、「そんなの売れない」「おいしくない」と、見向きもしません。

しかし、稼ぐ農家は、隣の畑で育てている自分の知らない作物に興味を示します。そして、「それっておいしいんですか？」「儲かりますか？」「どうやって育てるんですか？」と尋ねます。儲かるとわかれば、教えを請い、自分の畑でも育てようとするはずです。

雑談も同じです。**お金持ちになれない人は、自分の「畑」の中で雑談をし、相手の「畑」に興味を示しません。**

一方で、**お金持ちになる人は、相手の「畑」の話であっても、何かおもしろいことはないかと意識しながら聞いています。**

先の例で言えば、たとえラグビーについて知識がなかったとしても、早々に話の腰を折るようなことはしません。相手の話に、まずは耳を傾けて、共感できるポイントを探します。

相手「最近、ラグビーブームですよね。私は学生時代にラグビーをしていたのですが、昔と比べて今の人気ぶりにはびっくりしています」

自分「私はラグビーのことはよく知らなかったんですが、今のブームで五郎丸さんの名前は覚えました。キックをするときの仕草もユニークですよね」

相手「あれは五郎丸さんのルーティンなんだそうです。毎回同じ動作をくり返すことによって集中力を高めているんだそうです」

自分「あれはルーティンなんですか。そういえば、私は野球をやっていたんですが、イチロー選手も打席に入るときにルーティンがあるんですよ。ルーティンは、仕事とかにも応用できるって言いますよね」

相手「実は、私も仕事をするときいつもやっているルーティンがありまして……」

自分「どんなルーティンですか？」

このように雑談上手な人は、**自分の守備範囲ではないジャンルであっても、「どこかに共通点があるかもしれない」と、アンテナを張っています**。相手の話を真剣に聞いていると、意外と共通点が見つかるものです。

たとえ、そのときは見つからなくても、自分の知らないジャンルの話を聞くのは、自分の畑を広げることにもつながるので、決してムダにはなりません。

今日から始めるステップ　相手の話をひとまず最後まで聞いてみよう

6

「わからないこと」こそ雑談ネタにする

「もっと教えてください！」で会話を進める

自分の守備範囲ではない話題ネタのなかから、共感できるポイントを探そうとしても、現実にはなかなか見つからないことがあります。誰にでも、苦手なジャンルや興味のない分野はあるものです。

たとえば、女性はスポーツに関心がない人が少なくありません。「スポーツの話題になると雑談に入っていけない」という人もいるでしょう。

昨年、W杯での日本代表の活躍によって、ラグビーが世間の注目を浴びました。このときも、「ラグビーはまったくわからないから」と、雑談の輪の中に加われなかった人がいるかもしれません。

しかし、私の知人である雑談上手の女性は、こんなトークで雑談の輪の中に見事にとけ込んでいました。

「私、全然ラグビーのことわからないの。でも、五郎丸さんが気になってラグビーのルールを少し調べてみたんだけど、難しすぎてやっぱり理解できなかった……」

彼女がそう言うと、雑談に参加していた複数のメンバーから「実は、私もよくわからない！」と共感する声が上がり、「いかにラグビーのルールが難しいか」をネタに大いに盛り上がっていました。

「わからないこと」が、雑談のネタになることがあります。

自分の引き出しの中にないネタであっても、もし相手の少し話を聞いてみて、自分が興味の持てる内容であれば、「もっと教えてください」と、相手に話を促すのも有効です。

興味を持ってもらえるのは相手にとってうれしいことですから、喜んで話してくれるはずです。

雑談が上手な人は、自分の好奇心に素直です。わからないことでも気になることに対しては、知ったかぶりすることなく、素直に「教えてください」と言えるのです。

「わからないこと」を自分で調べる

雑談が上手な人は、わからないことを「自分で調べる」傾向があります。

あるお金持ちの知人と話しているとき、私は最近食べに行ったレストランの話をしました。

すると彼は、「そのレストランは知りませんでした。調べてみてもいいですか？」と言って、スマホでそのレストランを検索しはじめました。

そしてレストランの情報や写真を見ながら、「このカニの料理、おいしそうですね」「雰囲気がよさそうな店内ですね。実際はどうでしたか？」と興味津々の様子。そんなふうに興味を持ってもらえると私も気分がいいですから、ついつい饒舌にそのレストランの魅力を語ることに。雑談を終える頃には、すっかり心の距離が縮まっていました。

ご縁をお金に換えるお金持ちは、「わからない」をそのままにしません。流行や新しい言葉にも敏感で、能動的に自分で調べたりします。

たとえば、「最近、ミニマリストという言葉が流行っているらしいですね」で済ませるのではなく、実際にミニマリストという言葉をネット検索して、こんな話題を提供します。

「ミニマリストという言葉をちょっと調べてみたんですけど、持たない暮らしのことを言うみたいですね。なかなかモノを捨てられない私は、時代遅れかもしれません」

「○○が流行っているらしい」だけでは、会話はなかなかふくらみません。自分で調べてみたり、体験したりすることによって語れる内容が広がり、雑談の深みも増していきます。

気になることはミーハー気分で調べてみて、雑談の中で披露する。これも雑談上手になる秘訣です。

「雑談ノート」に気になった流行語やキーワードを書き留めておき、あとで調べることを習慣にすると、旬の話題をネタにして雑談で盛り上がれるようになります。

今日から始めるステップ

流行りのキーワードはネットで検索する

Chapter

6

ここぞというときに
ご縁を引き寄せる！
お金持ちの人との向き合い方

1 雑談で敵をつくらない

雑談は議論の場ではない

初対面の人と雑談をしていたときのこと。その人は私の本を読んでくださったようで、話題は本の感想へと移っていきました。

「田口さんの本の中で、『二次会には参加してはいけない』と書いてありましたけど、あれだけは納得いかないんです。二次会に参加するからこそ深まる人間関係もあると思うんです」

書籍のまちがいや事実誤認などであれば素直にお詫びするところですが、考え方の違いなので、相手には「田口はそう考えている」と理解していただくしかありません。

ここが討論の場であれば、改めて自分の考え方を説明するところですが、この日はあくまで雑談の場。相手の方とは初対面です。雑談の目的は相手との相性を見ることなので、そこで議論する意味はありません。

その場は、「そういうお考えもありますね。貴重なご意見をありがとうございます」と伝えて、その場から立ち去りました。

その後、その方と今までお会いする機会がないのは言うまでもありません。

相手の話を否定してはいけない

雑談をしていると、相手の言葉を否定するような発言をする人がたまに見受けられます。

「又吉さんの『火花』を読みました。なかなかおもしろかったですよ」

「えっ！　私も読みましたけど、過大評価されすぎだと思いましたけどね……」

「……」

「最近、大きな仕事を任されたのがプレッシャーです……」

「何を言ってるんですか！　若いときこそいっぱい苦労して、成長すべきですよ。そんな弱音を吐いたらバチが当たります」

「……」

すでに関係ができあがっているなら別ですが、まだご縁がつながっていない段階で否定されるような発言をされれば、相手はいい気分がしません。この人には近づかないようにしようと警戒されるのが関の山です。

初対面の段階で相手とのご縁が切れてしまうと、再度、距離を近づけようと努力しても、つなぎ直すのは至難の業です。

したがって、たとえ相手の発言が、自分の考え方や好みと違っていても、それを頭から否定をしてはいけません。まったく同じ思考回路の人間など存在しないのですから。「そうなんですか」と受け流して、他の話題へと誘導したほうがお互いのためです。

反対に、**相手から否定されるような言葉を言われても、むきになって反論するのもご法度です**。議論になって、雑談の目的を見失ってしまいます。

「そういう考え方もありますね」「参考になります」「なるほど、そうなんですか」と受け流して、やはり話題を変えるのが賢明です。

今日から始めるステップ

否定されても反論はNG。サラリと流して話題を変えよう

2 人によって態度を変えない

実力者に媚びを売る人たち

私がまだ借金を抱えていた頃の話です。当時はさまざまなセミナーや交流会に参加して、借金生活から抜け出そうともがいていた時期でした。

ある交流会に参加したとき、参加者の一人が話しかけてきました。その人はとにかく上から目線。資格を活かして起業したばかりとのことでした。

「お金を稼ぐなら、やっぱり資格を持ってないとね」

「経営者ともなると、自然に人脈と世界が広がるよね」

初対面なのにタメ口で、一方的に自慢ばかりしています。正直、「今後この人とは一緒にビジネスをすることはないだろう」という印象でした。早く彼との雑談を切り上げたいと思っていると、そこに交流会の主催者が、声をかけてきました。その人は書籍を何冊も出版していて、業界の実力者でもありました。すると上から目線の彼は、私に背を向けると主催者に猫なで声で、こんなことを言いはじめました。

「先生にお会いできて大変光栄です。私みたいな未熟者は先生の足もとにも及びません。これからも勉強させてください」

私に接しているときとはコロッと態度を変えて、主催者に媚びを売るような発言をしていました。このとき私は、「この人は信用できない」と思い、その後、こちらから連絡するのをやめました。あれから彼と会うことは一度もありませんが、資格を活かして活躍しているという話はいまだ聞きません。

年上も年下も「〇〇さん」で呼ぶ

人によって態度を変える人は信用できません。そのような人は相手に違和感や不信感を与えるので、まわりの人は離れていきます。

一方、**お金持ちは相手によって接し方を変えることはありません**。相手が年上でも年下でも、経営者でも新入社員でも、基本的に同じような態度です。**一貫性のある人は信用されるので、人もお金も集まってきます**。

私自身も日ごろから、きわめてフラットに接するよう心がけています。

たとえば、年上、年下問わず、相手を「〇〇さん」と呼びます。著名な経営者であっても「〇〇さん」ですし、学生であっても「〇〇さん」。社会的な地位が高いからといって、「〇〇先生」と呼ぶこともありません。

言葉遣いも、基本的には変わりません。礼儀として年上の方にも年下の方にも丁寧語で話します。

私は20代の頃からこのスタイルを貫いていますが、呼び方や言葉遣いが原因で人間関係が悪くなったことはありません。

むしろまわりから「社長」と呼ばれている経営者や「先生」と呼ばれている立場の人は、「○○さん」と呼ぶ私のことを新鮮に感じてくださったのか、かわいがっていただくことが少なくありませんでした。

今振り返れば、媚びることなく誰に対しても同じ接し方をする私を信頼してくれたのだと思います。

今日から始めるステップ 年下に対しても敬語で話そう

年上の方に対して敬語を使わないなどの無礼は言語道断ですが、雑談の相手によってコロコロと態度を変えるのも不信感につながります。一貫性のある態度で接するように心がけることが大切です。

3 人間関係の理想は「広く×ちょっぴり深く」

「名刺コレクター」はご縁がつながらない

私は講演家という立場もあって、数多くの参加者と名刺交換をします。そのなかでも記憶に残るのが、雑談で共通点が見つかり、話が盛り上がった人です。雑談がきっかけで、一緒に食事や海外旅行へ出かけた人もいます。

名刺を交換しただけでは、ご縁はつながりにくいですし、人脈も広がりません。しかし、実際には名刺交換をしただけで満足している「名刺コレクター」も少なくありません。

名刺コレクターは「広く×浅く」の人脈は広がっていきます。しかし、残念ながらこの人脈はほとんど役に立ちません。

名刺交換をしただけで、ほとんど知らない相手と何かを一緒にやろうとは誰も思わないからです。

理想的な人脈は、「広く×深く」の関係です。

ただし、現実的には時間は有限ですから、すべての人間関係を「広く×深く」するには限界があります。

お金持ちの人脈は「広く×ちょっぴり深く」です。

多くの人と出会えば、その分チャンスも広がり、協力者も増えます。雑談を通してちょっとでも相手のことを知っていれば、「あの人と一緒に何か仕事ができるかも」「おもしろそうな人だから、また会ってみようかな」という人も出てきます。そうやって少しずつ「広く×深く」の人脈が広がっていき、お金につながっていきます。

「ちょっぴり深く」の関係を築くために、最も有効なのが雑談なのです。

深い人間関係は深い人脈を広げてくれる

「自分にはお金につながる人脈がない」と思っている人は、「広く×ちょっぴり深く」を目標に多くの人と出会うことを心がけることが大切です。それと同時に現在「ちょっぴり深く」つながっている人とのご縁を深めていくことも忘れてはいけません。後者を優先するほうが早く効果が出ます。

雑談をした結果、相性が良さそうな人がすでにいるなら、相手もあなたとの相性が良いと感じている可能性が高いでしょう。

そういう人とコミュニケーションを深めて、人間関係をつくっていくと、ビジネスにつながりやすいものです。

それだけではなく、**相性が良い人との人間関係を深めていくと、紹介などによってさらに良い人脈が広がっていきます**。

このケースのメリットは、相性の良い人を紹介される場合が多く、効率的に「広く×深く」の人脈を構築することができることです。

「類は友を呼ぶ」という言葉があるように、自分と相性の良い人は、相性の良い人を連れてきてくれます。深い関係の人は、相手のタイプを見極めたうえで紹介する人を選ぶので、相性が悪そうな人は紹介しません。

相性が良い人によるフィルターがかかっているので、最初から雑談も弾み、スムーズにご縁がつながることが多いのです。私の現在の人脈も、このような「類は友を呼ぶ」といった流れでつながった人が少なくありません。

現時点で交流が狭く、積極的に外に出ていくのが苦手なタイプの人も、まずは、すでにある程度の人間関係ができあがっている親しい人との関わりを深めることからはじめることをおすすめします。

人間関係が深くなればなるほど、その関係が核となって徐々に人脈は広がっていきます。

今日から始めるステップ

親しい人に連絡をとってさらに関係を深めよう

4 ご縁にはタイミングがある

ご縁は遅れてやってくることもある

ご縁とは不思議なもので、タイミングが合わないと、つながるはずのご縁もつながりません。

初対面で会った人と、後日連絡をとって「また会いましょう」という展開になったとします。

ところが、メールで何回かやりとりをしても、なかなかお互いのスケジュールが合わない。また、アポイントが決まった後、病気やトラブル、急な要件などで何度もアポイントが流れたり、変更になったりする場合もあります。

このような場合、私はいったんアポイント自体をキャンセルするようにしています。

誤解してほしくないのは、「相手との相性が悪かった」と考えるわけではないということです。

「今回、その人とはまだご縁がつながるタイミングではなかった」と考える。**アポイントが合わなかったのは、そのサインというわけです。**

実際、私自身もアポイントがとれなかったけれど、後になって共通の知人の紹介で再会し、一緒に仕事をすることになった例は少なくありません。また、名刺交換をしてからそのままになっていた人と、2年後にご縁がつながったこともあります。

あなたが現在、一緒に仕事をしている人の中にも、初対面からしばらく時間が経ったあとにご縁がつながった人がいるのではないでしょうか。

無理やりご縁をつなげようとしても、自分の望むような展開にならないことも多くあります。ですが、安心してください。

ご縁がつながるべき人とは、いずれタイミングが来たら自然とつながるようになっています。

メールのやりとりは「第2のリトマス試験紙」

アポイントが合わないのはタイミングの問題でもありますが、相手とメールのやりとりをしていて、イライラしたり、不快感を覚えたりするのは相性の問題である可能性があります。

私の場合、長文のメールを送ってくる相手は苦手です。

会うことを前提に連絡を取り合っているのに、メールで込み入った内容や相談事を書いてくる人がたまにいますが、詳しいことは会ってから話せば済む話です。

また、アポイントを決めるまでに、何往復もメールのやり取りをしなければいけない人も得意ではありません。通常、日時や場所は2、3回のメールで済むのですが、ときどき10回近く往復しないと決まらない人もいます。

経験上そういうタイプの人とは相性が合わないとわかっているので、アポイントはとらない方向でやりとりします。

雑談は相手との相性を見極める最初の場ではありますが、現実には短い時間で判断できないこともあります。

メールでのやりとりは、相手との相性を見極める第2のリトマス試験紙と位置づけることができます。

今日から始めるステップ

相手と予定が合わなければ、いったん引いてみよう

おわりに

先日、仕事で訪れた長崎の町をぶらぶらと歩いていたときのこと。私の視界に摩訶不思議な自動販売機が飛び込んできました。

「大凶おみくじ」

自動販売機には、たしかにそう書いてあります。

「大凶しか出ないおみくじなのだろうか……」と興味を引かれて近づくと、自販機には「決して買ってはならぬ」と書いてあります。「自販機で売っているのに買ってはならぬと忠告するとは、どういうことだろう……」。私はその場に釘付けになりました。

「なぜ大凶のおみくじなど売っているのだろうか？」

「そもそも大凶のおみくじなど欲しがる人がいるのか？」

そんなことをぐるぐる考えながら、私は「モノは試しだ」と財布から100円玉を取り出そうとすると、背後からこんな会話が聞こえてきました。

「大凶おみくじだって。そんなの誰も買わないわよね〜」

そう言って、カップルは足早に通り過ぎていきました。このとき、私は「自分のように大凶おみくじをおもしろがる人と、そうではない人がいる」という当たり前の事実に気づきました。

実は、そのカップルの反応が一般的で、自分のセンスが変わっているのかもしれません。それでも、大凶おみくじに興味を持って楽しめるような人と、ビジネスでも人生でも長く付き合っていきたい、というのが私の本音です。

雑談の中で「この間、大凶おみくじというのを見つけて」と話したときに、「えっ、何ですか、それ。もっと聞かせてほしい！」という反応を示してくれる人とは心の距離が一気に縮まる予感がします。これまでお付き合いしてきたお金持ちのみなさんも、きっと前のめりで話を聞いてくれるでしょう。

この大凶おみくじを雑談のネタとして話すのが今から楽しみです。

こんなふうに、雑談に慣れてくると、日々出会うこと・ものを「どう伝えようか？」と考え、楽しくなってきます。そうなると、人に会うのも楽しみになり、会話が苦にならなくなってきます。

本書を読んで、ひとりでも多くの人が、人と話すのが楽しみになれば幸いです。

ところで、大凶おみくじを引いた結果はどうだったかというと……。

それは、あなたと雑談をするときのネタとしてとっておきます。

田口智隆

田口智隆 *Tomotaka Taguchi*

1972年埼玉県生まれ。株式会社ファイナンシャルインディペンデンス代表取締役。

大学卒業後、学習塾の講師となるも、連日飲みに行き借金が膨らむ。28歳のとき、父親が病に倒れたのを機に、父親が経営する保険代理店に入社し、地域ナンバーワン代理店に成長させる。また、徹底した節約と資産運用により、自己破産寸前まで膨らんだ借金をわずか数年で完済。その後は「収入の複線化」「コア・サテライト投資」で資産を拡大。34歳のときにお金に不自由しない状態「お金のストレスフリー」を実現。独立し、株式会社ファイナンシャルインディペンデンスを設立。

現在は、その経験を活かしマネー・カウンセリングで個別に相談に乗る一方、より多くの人にお金の大切さを伝えたいという思いから、日本全国で「学校では教えてくれないお金の授業」を積極的に行っている。


著書に、処女作にしてベストセラーとなった『28歳貯金ゼロから考えるお金のこと』（KADOKAWA）をはじめ、『11歳のバフェットが教えてくれる「経済」の授業』『お金持ちになった人が貧乏な頃からやっていること』『お金が貯まる人が捨てた37のこと』（以上フォレスト出版）、『お金が貯まらない人の悪い習慣39』（マガジンハウス）、『「なぜかお金が貯まる人」がやっていること』『10年後、金持ちになる人 貧乏になる人』（以上廣済堂出版）、『なぜ賢いお金持ちに「デブ」はいないのか？』（水王舎）などがある。著作累計50万部を超えるお金のカリスマ。

視覚障害その他の理由で活字のままでこの本を利用出来ない人のために、営利を目的とする場合を除き「録音図書」「点字図書」「拡大図書」等の製作をすることを認めます。その際は著作権者、または、出版社までご連絡ください。

お金持ちの雑談

2016年5月3日　初版発行

著　者　田口智隆
カバーデザイン　鈴木大輔、江﨑輝海（ソウルデザイン）
本文デザイン　新田由起子（ムーブ）
DTP　横内俊彦
企画協力　城村典子
編集協力　高橋一喜

発行者　野村直克
発行所　総合法令出版株式会社
〒103-0001　東京都中央区日本橋小伝馬町15-18
ユニゾ小伝馬町ビル9階
電話 03-5623-5121（代）

印刷・製本　中央精版印刷株式会社

落丁・乱丁本はお取替えいたします。
©Tomotaka Taguchi 2016 Printed in Japan
ISBN 978-4-86280-500-3

総合法令出版ホームページ　http://www.horei.com/